Zu diesem Buch

Alle reden vom EQ. Hier ist das erste Buch, mit dem Eltern und Kinder emotionale Intelligenz spielend trainieren können.

Untersuchungen in den USA seit Anfang der 90er Jahre haben gezeigt, dass ein hoher EQ mindestens ebenso wichtig ist wie der Intelligenzquotient (IQ). Kinder mit hoher emotionaler Intelligenz sind glücklicher, zuversichtlicher und erfolgreicher als andere Kinder.

Der populäre Sänger und Autor Klaus W. Hoffmann und der Psychiater Dr. med. Bernd Roggenwallner informieren, was unter emotionaler Intelligenz zu verstehen ist, und zeigen in 66 «Spielen mit Gefühl», wie man EQ spielerisch entwickeln kann.

Klaus W. Hoffmann, eine erwachsene Tochter, seit 1981 als freiberuflicher Autor, Komponist, Sänger, Geschichtenerzähler, Spieleanimateur und Fortbildungsreferent tätig. Er war mehrmals Träger des Deutschen Schallplattenpreises und hat zahlreiche Tonträger (vor allem bei igel records) sowie Kinder- und Spielebücher (u. a. bei Ravensburger, Arena, Echter, Luchterhand) veröffentlicht – zuletzt bei rororo «Kinder brauchen Bewegung» (Nr. 60325).

Dr. med. Bernd Roggenwallner, Facharzt f. Neurologie, Psychiatrie und Psychotherapie, verh., ein Sohn. Langjährige Tätigkeit in psychiatrischen Kliniken, seit 1996 freiberufl. Psychotherapeut, Trainer und med. Sachverständiger. Er hat mit Klaus W. Hoffmann gemeinsam das Jugendbuch «Südkurve» geschrieben.

Klaus W. Hoffmann
Bernd Roggenwallner

Das EQ-Programm für Kinder

So fördern Sie spielerisch die emotionale Intelligenz

Mit Fotos von Horst Lichte

Rowohlt Taschenbuch Verlag

Herausgegeben von Bernhard Schön und Bernd Gottwald

rororo Mit Kindern leben

und

die Deutsche Liga
für das Kind

Partnerschaft für Eltern, Kinder und Familie

Originalausgabe
Veröffentlicht im Rowohlt Taschenbuch Verlag GmbH,
Reinbek bei Hamburg, Mai 2001
Copyright © 2001 by Rowohlt Taschenbuch Verlag GmbH,
Reinbek bei Hamburg
Redaktion Bernhard Schön
Umschlaggestaltung Henning Dencks
(Foto: Image Bank / Florian Franke)
Alle Rechte vorbehalten
Satz Apollo und Lucida sans PostScript, QuarkXPress
Gesamtherstellung Clausen & Bosse, Leck
Printed in Germany
ISBN 3 499 60969 X

Inhalt

3 Kontaktspiele zur Förderung der emotionalen Intelligenz   58

4 Regelspiele zur Förderung der emotionalen Intelligenz   96

Regelspiele als Bausteine unseres EQ-Programms   96

Die Regelspiele   98

5 Gesellschaftliche Aspekte der emotionalen Intelligenz   144

Was heißt das eigentlich: Emotionale Intelligenz?

Emotionale Intelligenz (EQ) ist ein relativ neuer Begriff, der in den USA geprägt wurde und seit einiger Zeit auch bei uns in Deutschland in der Diskussion ist. EQ meint eigentlich, im Unterschied zum Intelligenzquotienten, den «emotionalen Quotienten».

Intelligenz im eigentlichen Sinne beschreibt in erster Linie eine intellektuelle Dimension, geistige Fähigkeiten. Gemeint sind damit verschiedene Unterfunktionen wie Abstraktionsvermögen, die Fähigkeit, Wissen zu speichern, bzw. auch, dieses in einen angemessenen Zusammenhang zu setzen. Intelligenz hat somit auf den ersten Blick wenig mit Emotionen, Gefühlen zu tun. Der Begriff emotionale Intelligenz scheint deshalb zunächst die Verknüpfung von Unvereinbarem zu sein. Zu starke emotionale Betroffenheit hemmt augenscheinlich oft die geistige Leistungsfähigkeit, zu wenig emotionale Beteiligung ebenso. Gefühle werden meist nur als eventuell störende Begleitumstände geistiger Leistungen gesehen.

Gleichwohl ist der Begriff der emotionalen Intelligenz in den Medien und in der Öffentlichkeit auf großes Interesse gestoßen. Spielt der EQ vielleicht doch eine wichtige Rolle in unserem Leben?

Erstmals wurde der Begriff emotionale Intelligenz 1990 von zwei amerikanischen Psychologen benutzt. Das waren Peter Salovey von der Harvard University und John Mayer von der University of New Hampshire. Sie beschrieben emotionale Intelligenz als Teilmenge der sozialen Intelligenz. Emotionale Intelligenz soll, nach Meinung der beiden amerikanischen Psychologen, die Fähigkeit einschließen, eigene Gefühle und Emotionen und die anderer zu kontrollieren, zwischen ihnen zu unterscheiden und diese Information zu benutzen, um das eigene Denken und die eigenen Handlungen zu lenken.

Howard Gardner, Entwicklungspsychologe an der Harvard Graduate School of Education, definiert den Begriff emotionale Intelligenz etwas anders. Er bezeichnet die für das Zusammenleben der Menschen wichtigen Fähigkeiten als soziale und personale Intelligenzen. Er meint damit die Intelligenzen der Gefühle, die Selbstbeherrschung, Eifer und Beharrlichkeit und die Gabe, sich selbst zu motivieren. Zu den personalen Intelligenzen zählt er besonders Fähigkeiten wie Führungskunst, die Gabe, Beziehungen zu pflegen und Freunde zu erhalten, die Konfliktlösungsfähigkeit und die Kompetenz der sozialen Analyse.

Für Howard Gardner besteht die personale Intelligenz einmal aus der nach innen gerichteten *intra*personalen Intelligenz und der nach außen gerichteten *inter*personalen Intelligenz. Beide sieht Gardner miteinander verknüpft, denn er zieht folgenden Schluss: Nur wer seine eigenen Gefühle zu deuten weiß, kann mit den Emotionen der anderen etwas anfangen. Die Reaktionen der anderen auf eigene Gefühlsregungen sind für jeden Menschen aber auch wichtig, denn nur so kann er sich selbst besser kennen lernen, eine eigene Identität entwickeln und erfahren, wann er Gefühle beherrschen muss, um keine unerwünschten Reaktionen zu provozieren.

In den USA wurde der Begriff emotionale Intelligenz einer breiten Öffentlichkeit aber erst 1995 durch Daniel Golemans gleichnamigen Bestseller bekannt. Werbeträger für Golemans Buch waren das Time Magazine und Bill Clinton. Der damalige Präsident der USA erzählte während einer Wahlkampftour im Tattered Cover Bookstore in Denver Reportern, er habe ein großartiges Buch von seiner Frau geschenkt bekommen: «Emotionale Intelligenz».

Goleman definiert die personalen Intelligenzen ähnlich wie Gardner. Für ihn werden sie weitgehend in der Erziehung des Kindes geformt. Er schreibt in seinem Buch: Wer in seiner Kindheit und Jugend das Management von Emotion und rationellem Denken nicht gelernt hat – nämlich seine Impulse, seine Wut- und Angstanfälle zu zähmen –, ist auch nicht in der Lage, sein geistiges Potenzial voll auszuschöpfen.

Eine allgemein gültige Definition des Begriffes emotionale Intelligenz existiert bislang nicht. Gemeint ist die Kompetenz, die sich aus unserem Verständnis und unserer Handhabung menschlicher Gefühle zeigt. Mehr noch: Emotionale Intelligenz ist gekennzeichnet durch die Fähigkeit zu Wahrnehmung, Verarbeitung und kompetentem Umgang mit Gefühlen, bezogen auf den Einzelnen und soziale Situationen. Kompetenter Umgang meint

1. Wesensgemäßheit,
2. Situationsadäquatheit.

EQ heißt Gefühle wahrnehmen, verarbeiten und mit ihnen kompetent umgehen können.

Eine grundlegende Voraussetzung, um mit einem Gefühl umgehen zu können, ist die Fähigkeit, es wahrzunehmen. Das hört sich einfach an, ist im Einzelfall aber oft schwierig. Wer kennt nicht die folgende Situation: Ich fahre in einem Gespräch plötzlich «aus der Haut», ohne vorher einen Ärger oder Ähnliches bemerkt zu haben. Das Gefühl scheint mich regelrecht «überfallen» zu haben. Offensichtlich werden Gefühle gerade in sozialen Situationen häufig übergangen oder gar nicht erst wahrgenommen; das hat ganz verschiedene Gründe. Ein gewichtiger ist wohl, dass wir verlernt haben, gleichzeitig zu denken und zu fühlen. Gefühle lassen wir nicht zu, oder wir haben gelernt, sie zu beherrschen. Und was man als Kind in einem mühsamen Prozess gelernt hat, zu unterdrücken oder sogar zu verdrängen, das will und kann man oft gar nicht mehr wahrnehmen.

Eine weitere wichtige Fähigkeit ist *die Verarbeitung von Gefühlen*, die ebenfalls erst gelernt sein will. Gerade in Gruppensituationen mit vielen unterschiedlichen Einflüssen können in der Verarbeitung von Gefühlen Eindrücke verloren gehen, durch andere Eindrücke verzerrt werden usw.

Schwierig ist vor allem auch der *kompetente Umgang mit Gefühlen*. Diese Feststellung klingt vielleicht auf den ersten Blick merkwürdig. Die folgenden Ausführungen mögen zur Klärung beitragen:

Unsere Verarbeitung, vor allem aber unsere Reaktion in gefühlsmäßiger Hinsicht, ist individuell. Sie entspricht unserem Wesen. Gemäß unserer persönlichen Struktur reagieren wir etwa auf ein schmerzliches Ereignis heftiger oder weniger heftig, länger oder nur sehr kurz mit Trauer.

Gleichzeitig wird unsere Reaktion bestimmt durch die Situation. Wir werden grundsätzlich versuchen, uns auch der Situation entsprechend angemessen zu verhalten. Niemand käme beispielsweise auf die Idee, in einer Trauerhalle während einer Totenfeier laut loszulachen.

Viele Situationen sind aber nicht so eindeutig wie diese. Nicht selten kann unser wesensgemäßes Reagieren mit dem in Konflikt kommen, was in der entsprechenden Situation als angemessen zu betrachten ist. Wenn zum Beispiel in einem Bus unser Platznachbar ein Eis isst und ihm durch heftiges Bremsen des Busfahrers die kühle Köstlichkeit ins Gesicht fliegt, mögen wir es der Situation für angemessen halten, ihn zu bemitleiden und ihm möglicherweise ein Taschentuch zur Beseitigung des Malheurs zu reichen. Unser eigenes Wesen kann uns durchaus einen Streich spielen und uns eher ein schadenfrohes Lachen entlocken, welches wiederum den Unglücklichen erzürnen dürfte. Das heißt: Die Kompetenz unseres Reagierens ergibt sich nicht selten aus einer Vermittlung zwischen unserer wesensgemäßen Reaktion und der, die der Situation angemessen ist. Wir müssen quasi zwischen beidem abgleichen. In einer großen Bandbreite gibt es hier nicht «richtig» oder «falsch». Das Zauberwort und damit der Kern der Kompetenz liegt eher darin, größtmögliche Stimmigkeit zwischen uns und den Umständen der Situation zu erreichen. Das bedeutet: Unsere «Verhandlung» mit uns selbst muss zum Ziel haben, in hohem Maße gemäß unserem Streben in größtmöglicher Übereinstimmung mit dem zu reagieren, was die Situation erfordert. Darin zeigt sich emotionale Intelligenz.

Der emotionalen Intelligenz zugeordnet wird der so genannte emotionale Faktor, der EQ. Dieser ist – auch wenn es der in Anlehnung an den IQ gewählte Begriff nahe legt – nicht mit vergleichbaren Kategorien zu beschreiben und zu messen. Das entspricht jedoch nicht der Realität. Weder der emotionale Faktor noch die emotionale Intelligenz sind im wissenschaftlichen Sinne klar abgrenzbare Größen. Sie sind eher eine Sammlung von Fähigkeiten im kompetenten Umgang mit Gefühlen. Allerdings ist auch die Messung des intellektuellen Vermögens lediglich eine Gewichtung bestimmter Faktoren. So wird zum Beispiel beim Intelligenzquotienten (IQ) das praktische und formal-logische Denken, das Herstellen von logischen Beziehungen und von formalen Sinnzusammenhängen gemessen. Der testende Psychologe gewinnt seine Urteile über die Ausprägung dieser rein intellektuellen Faktoren aus Aufgabenstellungen in Form von Zeichnungen, Bildern, Sätzen, Rechenaufgaben, die von den Testpersonen in einer bestimmten Zeit gelöst werden sollen (vgl. Weiß 1988).

Inzwischen wird von Fachleuten übereinstimmend die Unzulänglichkeit von Intelligenztests gesehen, da sie meistens bloßes Wissen und eher abstraktes Verstehen abfragen. Deshalb finden heute in der Regel verschiedene Tests und Verfahren Anwendung, die auch kreatives Verhalten und vor allem den Prozess erfassen, der sich beim Lösen von Aufgaben abspielt.

Emotionale Intelligenz ist nicht messbar, nicht einmal genau zu lokalisieren. Es gibt keine einzelne Struktur im Gehirn, der wir sie zuordnen können.

Die vielfältigen Informationen aus den Bereichen Neurophysiologie und Neuroanatomie wollen wir hier nicht ausbreiten. Es sollen nur einige praxisorientierte Überlegungen vorgestellt werden.

Der emotionale Ausdruck wird im vorderen Teil des Großhirns geformt. An der Bildung von Emotionen ist im Übrigen das so genannte limbische System beteiligt, welches Verbindungen zu vielen anderen Hirnstrukturen hat. Denken, Wahrnehmung und Gefühlssphäre im Gehirn sind miteinander verbunden. Eine große Leistung des Gehirns besteht beispielsweise darin, die wahrgenommenen Informationen nach ihrer Wichtigkeit zu ordnen und die Aufmerksamkeit auf Punkte zu richten, die gerade relevant erscheinen. Dabei werden in einer Struktur, die Thalamus heißt, die ankommenden sensiblen Impulse verarbeitet und nur die als wichtig erachteten zur Großhirnrinde weitergeleitet. Stellen wir uns vor, wir nähmen ständig alle Wahrnehmungen und Impulse bewusst wahr. Wir wären einer chaotischen Vielfalt von Eindrücken und Informationen ausgesetzt, die wir nicht mehr überblicken könnten.

Was jedoch tatsächlich als wichtig erachtet wird, hängt auch stark von der emotionalen Bewertung einer Situation ab. Sind wir beispielsweise in ein Streitgespräch verwickelt, braucht uns nicht so sehr zu interessieren, dass wir unser Gewicht stärker auf das linke Bein verlagert haben oder die Uhr im Nebenzimmer sehr laut tickt. Für den Ausgang des Gesprächs entscheidend ist dagegen, dass wir den Gesichtsausdruck des Gegenübers wahrnehmen und angemessen interpretieren. Gerade diese Art der Wahrnehmung hängt auch von der emotionalen Bewertung einer Situation ab.

Die Stimmung beeinflusst somit die Wahrnehmung und auch die Verarbeitung. Es gibt Menschen, die in «emotionsgeladenen Situationen» ihr Gegenüber nicht mehr ausreichend wahrnehmen und nur noch mit übernommenen Programmen reagieren können. Wer dagegen für die Wahrnehmung emotionaler Anteile in einer Situation geschult ist, dem stehen mehr Wahlmöglichkeiten in seiner Reaktion zur Verfügung. Grundlagen für diesen Teil der emotionalen Intelligenz können bereits bei Kleinkindern trainiert werden, um die Voraussetzungen für ein späteres optimales Reagieren zu ermöglichen.

Die Hirnforschung geht davon aus, dass üblicherweise in der linken Großhirnhälfte eher verstandesmäßiges Reagieren, rechts mehr ganzheitliche, diffuse Wahrnehmungen und Kreativität repräsentiert sind. Die Schulung der emotionalen Intelligenz beeinflusst somit mehr die rechte Hirnhälfte mit der Möglichkeit, Gefühle wahrzunehmen, zu verarbeiten und flexibel und autonom zu reagieren.

Wir reagieren meist intuitiv und scheinbar spontan. Dabei greifen wir jedoch, abgesehen von der Bewertung der aktuellen Situation, auf «Musterreaktionen» zurück, die wir in unserer Lebensgeschichte anhand vergleichbarer Situationen selbst erlebt oder bei anderen (hauptsächlich unseren Eltern) gesehen haben. Dadurch wird klar, wie wichtig es ist, Kindern «gute Lernsituationen» im Bereich emotionale Kompetenz bereitzustellen und dadurch ihre emotionale Intelligenz zu fördern. Die Förderung der emotionalen Intelligenz wird damit zu einem Beitrag zur seelischen Gesundheit. Sie zu besitzen und zu schulen heißt, eine große Bandbreite konstruktiver Erfahrungen verfügbar zu haben und sie für sich selbst und im Umgang mit anderen angemessen einsetzen zu können. Die Möglichkeit des Rückgriffs auf Bekanntes erlaubt es, gelassener zu reagieren. Belastbarkeit und Zufriedenheit mit sich selbst steigen.

Schon Kleinkinder können «Musterreaktionen» differenziert trainieren und im weiteren Verlauf ihres Lebens nutzen. Spielerische Hilfen bieten wir in diesem Buch an: ein «EQ-Programm», bestehend aus Körperspielen, Kontaktspielen und Regelspielen.

Konstruktive Lernerfahrungen im Zusammenhang mit emotionaler Intelligenz werden im Gehirn gespeichert und für die jeweilige Situation nutzbar gemacht. Das Lernen erfolgt einerseits über unsere Spiele, deren Erfahrungen sozusagen im Gehirn «Spuren hinterlassen». Andererseits ist wichtig, dass Erwachsene im Alltag mit ihrem eigenen Umgang mit der Welt als Modell bereitstehen. Zu dieser Vorbildfunktion gehört natürlich auch, sich überhaupt mit Kindern zu befassen und Raum dafür zu schaffen, dass sie Erfahrungen mit den Reaktionen der Erwachsenen in unterschiedlichen Situationen machen können (Lernen am Modell).

Der Leser mag sich spätestens jetzt fragen, wieso auf den Aspekt der emotionalen Intelligenz gerade zurzeit so viel Wert gelegt werden sollte. Ausführlich werden wir darauf später noch eingehen. Vielleicht hier erst einmal so viel: Verschiedene gesellschaftliche Entwicklungen sprechen für eine deutliche emotionale Verarmung in den hoch entwickelten Gesellschaften. Das zeigt sich zum Beispiel im Phänomen der Vereinzelung. Ein-Personen-Haushalte nehmen ständig zu. Neue Medien, wie beispielsweise das Internet, sind der unmittelbaren, persönlichen Begegnung eher abträglich. Unseres Erachtens nimmt auch die Bereitschaft ab, sich persönlich auseinander zu setzen. Einerseits existiert ein Bedürfnis nach unmittelbarer, direkter Kommunikation, nach «Events», bei denen man sich spüren kann, andererseits erleben wir einen zunehmend abstrakter werdenden Alltag, der in den vielen virtuellen Kontakten seinen deutlichsten Ausdruck findet. Die gleichzeitig zu beobachtende Individualisierung führt zu einer Haltung des «anything goes», sodass es keinen gesellschaftlichen Konsens über akzeptierte Umgangsformen und Werte mehr zu geben scheint. Und die ständig komplizierter und verregelter werdenden Bedingungen des Zusammenlebens lassen die Notwendigkeit, miteinander zu verhandeln, als überflüssig bzw. zu kompliziert erscheinen.

Gerade die komplexeren und ständig neu zu definierenden Beziehungen im Arbeitsprozess und den persönlichen Beziehungen machen aber offenkundig, dass die Kultivierung von Kompetenzen notwendig ist, die der emotionalen Intelligenz zuzurechnen sind.

1

Emotionale Intelligenz als vergessene Dimension in der Erziehung

Erziehung heute

Erziehung ist im Verlauf des 20. Jahrhunderts schwieriger geworden. Das hängt zweifellos mit der immer größer werdenden Mobilität zusammen und gleichzeitig der Durchlässigkeit in der Gesellschaft, die Optionen auf vielfältige individuelle Lebensentwürfe eröffnet. Unter anderem fehlt es an allgemein gültigen Erziehungszielen, weil der Konsens über gesellschaftliche Werte immer geringer wird. Werte wie Redlichkeit und Bescheidenheit beispielsweise werden bei weitem nicht mehr in dem Maße angestrebt, wie das noch nach dem Zweiten Weltkrieg weithin der Fall war.

Die Erziehungsinstitutionen haben sich gleichzeitig stark verändert. Die Kleinfamilie als vorherrschende Lebensform bis zur Mitte des 20. Jahrhunderts ist nur noch eine unter vielen Möglichkeiten. Singles, Ein-Eltern-Familien und Patchwork-Gemeinschaften sind heute normal, ohne dass sich allerdings Steuergesetzgebung, Sozialpolitik und institutionelle Angebote schon auf diese gravierenden Veränderungen adäquat eingestellt hätten.

Erziehung wird vielfach auch auf die Schule «abgeschoben».

Lehrer sind aber oft überfordert, ordnend einzugreifen bzw. sich dem einzelnen Schüler zu widmen. Hinzu kommt, dass durch die «neuen Medien», wie Video und Internet, die heranwachsende Generation eine vorher in dem Ausmaß nie gekannte Reizüberflutung erlebt.

Mit der Verschiebung von Wertorientierungen und unsicher gewordenen Berufsbiographien nimmt auch die Hektik im Alltag zu, sodass zunehmend beklagt wird, man habe keine oder zu wenig Zeit füreinander. Viele Schulkinder zeigen bereits Störungen, die durchaus Krankheitswert haben. Zwar sind die Ursachen des inzwischen häufig diagnostizierten ADS (Aufmerksamkeits-Defizit-Syndrom, «Zappelphilipp») noch nicht eindeutig zu benennen – aber zunehmende Verregelung und Kontrolle tragen sicher ebenso dazu bei wie mangelnde Bewegung.

Kinder suchen sich wegen fehlender Alternativen ihre Vorbilder im Fernsehen und auf der Kinoleinwand, aber immer seltener in den Erziehungspersonen – die sich im Übrigen häufig auch dieser Funktion verweigern.

Unter diesen Bedingungen schwanken Erziehungsangebote nicht selten zwischen Laissez-faire und purer Anpassung. Hinzu kommt, dass Erfolg und geglückte Erziehung hauptsächlich an intellektuellen Fähigkeiten gemessen werden.

EQ-Programm = spielerische Förderung der emotionalen Intelligenz

Erziehung braucht vor allem drei Elemente (die heute häufig fehlen): Ruhe, Stetigkeit und Begegnung. Gerade im Kleinkind- und Kindergartenalter ist es wichtig, Raum für spielerische Begegnung zu schaffen, um quasi in Modellsituationen den Umgang mit Gefühlen einüben zu können. Dafür stellen wir in den folgenden Kapiteln eine Auswahl an Spielen bereit, die die Entwicklung emotionaler Intelligenz unterstützen und fördern. Aber auch für die Förderung der Kinder im Grundschulalter haben wir passende Spiele zusammengestellt.

Unser EQ-Spiele-Programm besteht einerseits aus partnerschaftlichen Eltern-Kind-Spielen, Spielen, die einen Spielleiter (Erzieherin, Lehrerin, Übungsleiter usw.) erfordern, andererseits aus Paar- und Gruppenspielen für Kinder, die Erwachsene als Teilnehmer oder Spielleiter überflüssig machen.

Bis auf einige Kontaktspiele für Eltern und Babys, die die erste Kommunikation fördern sollen, setzt unser spielerisches EQ-Programm bei Drei- bis Vierjährigen an. Kinder in diesem Alter haben schon ein gewisses Vertrauen zu sich und anderen entwickelt, sofern die vorherigen Erziehungsphasen einigermaßen geglückt sind. Sie spielen viel mit Phantasien, entwickeln eigene Rollenidentität über die Geschlechtsunterschiede und beginnen mit der Erforschung ihrer kindlichen Sexualität. Drei- bis vierjährige Kinder lernen auch die Bedeutung von Konsequenzen und beginnen, sich über ihre Gefühle auszutauschen.

Gerade deshalb ist in diesem Alter die Förderung der emotionalen Intelligenz sehr wichtig. Förderlich ist auch, dass das Kind in dieser Phase seines Lebens erstmals Gefühle, Denken und Handeln verbinden kann. Probleme werden gelöst durch

Nachahmung, aber auch schon durch Kreativität. Das wird jeder Erwachsene erleben, der unser spielerisches EQ-Programm mit Kindern dieser Altersgruppe durchführt.

Eltern sollten sich gerade in diesem Altersabschnitt den Kindern gegenüber emotional stetig verhalten, das heißt für die Kinder berechenbar in der Einschätzung von Gefühlen sein. Kinder müssen merken, dass die Eltern ihre Gefühle wahrnehmen und ihre Gefühlsäußerungen als Gelegenheit sehen, ihnen nahe zu sein. Kinder brauchen Erwachsene, die ihnen mitfühlend zuhören, ihre Gefühle ernst nehmen, sie bestätigen und ihnen helfen, ihre Gefühle zu benennen. Kinder brauchen Erwachsene, die ihnen Grenzen setzen, aber auch gleichzeitig Strategien entwickeln, ihre eigenen akuten Probleme adäquat zu lösen.

Den Kindern muss eine gewisse Selbständigkeit gewährt werden, damit sie eigene Erfahrungen im Umgang miteinander machen können. Nicht umsonst fällt in diese Zeit der Übergang in den Kindergarten. Gerade Fehler in dieser Erziehungsphase führen nicht selten zu sozial unangemessenem Verhalten. Die Folge kann einerseits exzessive Furcht, andererseits auch aggressiv-bedrohliches Verhalten sein. Kinder lernen in dieser Phase, ihren Gefühlen entweder Bedeutung beizumessen oder sie abzuwerten. Defizite in dieser Entwicklungsphase beeinträchtigen nachhaltig ein gesundes emotionales Verhalten: Die Kinder sind in ihrem Verhalten unsicher, weil sie Situationen emotional nicht sicher einschätzen können oder Angst vor der emotionalen Begegnung haben.

Übung im Umgang mit Gefühlen erlaubt, Situationen nicht nur mit dem Denken anzugehen, sondern auch gefühlsmäßig zu bewerten und «integriert» agieren und reagieren zu können.

Geschult werden kann beispielsweise eine bessere Selbstwahrnehmung. Eine Spielauswahl dazu bieten wir im *2. Kapitel* unseres Buches an. Kinder lernen, das eigene Befinden besser einzuschätzen und darauf zu reagieren. Grundlagen solcher Fähigkeiten können wir schon Dreijährigen vermitteln.

Natürlich können auch Fähigkeiten wie emotionale Kommunikation und Einordnung in eine Gruppe spielerisch trainiert werden. Unsere Kontaktspiele im *3. Kapitel* fördern diese Fähigkeiten. Kinder lernen, die eigene Position in einer Gruppe einzuschätzen und darauf zu reagieren, zum Beispiel Konflikte zu erfühlen und anzusprechen, vielleicht auch ihrem Ausbruch vorzubeugen.

Letztendlich gehört zur emotionalen Intelligenz auch die Fähigkeit, Regeln einzuhalten. Unser Angebot an Regelspielen im *4. Kapitel* fördert die bestimmenden Elemente des Regelspiels wie Selbstkontrolle, Verhaltensorientierung und Vereinbarungen.

Der Umgang mit Gefühlen als Lernziel

Wer im Umgang mit Gefühlen geschult ist, der kann nicht nur selbstverständlich Gefühle wahrnehmen, sondern sie auch zulassen und damit umgehen. Das Entstehen eines Gefühls zu spüren, dessen Intensität zu merken, damit umzugehen und schließlich den Gefühlsabbau wahrzunehmen ist eigentlich normal. Bei den heutigen Defiziten im Gefühlsbereich scheint das aber nicht mehr selbstverständlich zu sein. Vorbehalte oder Angst vor der Intensität von Gefühlen oder einfach Unlust auf mögliche unangenehme Erlebnisse hemmen diesen eigentlich normalen Prozess.

Wenn ich gelernt habe, meine Emotionen zuzulassen und damit umzugehen, kenne ich auch unangenehme Gefühle wie

Schmerz, Trauer, Wut und habe erfahren, dass ich aus eigener Kraft und/oder mit der Hilfe anderer solche Situationen verarbeiten kann, und muss weder die dabei auftretenden Gefühle verdrängen noch mit chemischen Mitteln (Drogen, Alkohol, Zigaretten) «wegzappen».

Emotionale Intelligenz, früh gelernt, hilft dabei, den Mangel bei anderen wahrzunehmen und zu versuchen, ihn auszugleichen. Gerade solche Situationen ergeben sich häufig spontan aus dem Spiel heraus. Jemand ist verletzt, traurig, enttäuscht, Kinder streiten sich. Lassen Sie dann die Kinder doch einmal selbst dieses Problem bewältigen. Ob das gelingt, hängt natürlich vom Alter ab und ob die Kinder bereits in Konfliktlösungsstrategien geübt sind.

Wer sich stärker mit den emotionalen Anteilen in Situationen oder Kommunikationen beschäftigt, wird gelassener, vielleicht auch aufmerksamer gegenüber unangenehmen Gefühlen wie etwa Scham und Schuld. Es sind Gefühle, die zum Leben gehören und in den entsprechenden Situationen auch angemessen sein können. Schuld drängt auf Ausgleich. Schuld kann sowohl durch Vorleistung eines anderen als auch durch eigene Fehlleistung entstehen. Ein angemessener Umgang mit diesem Gefühl bedeutet zunächst dessen Wahrnehmung. Danach erfolgt im Idealfall die Bewertung der Situation und schließlich eine angemessene Reaktion. Diese kann zum Beispiel in einer Entschuldigung bestehen, die zwar nicht unbedingt zum Ausgleich, aber zumindest zur Entspannung der Situation führen kann.

Scham ist im Vergleich dazu ein «ohnmächtigeres» Gefühl, das ich weniger aktiv bearbeiten kann. Ein gekonntes Umgehen damit würde aber immerhin beim nächsten Mal dazu führen, dass ich keine Scham mehr zeige oder mein Verhalten in der Situation ändere, mir vielleicht auch von anderen helfen oder Trost spenden lasse.

Im gesamten Prozess der Bildung der emotionalen Intelligenz ist die Anwesenheit von Erwachsenen wichtig. An ihrem Beispiel sollen Kinder lernen, und die Älteren sollen helfen, modellhafte Erfahrungen zu ermöglichen. Bei aller Umsicht und Ernsthaftigkeit sollte nicht vergessen werden, dass zur Erziehung auch Humor gehört. In kritischen Situationen kann ein Spaß entkrampfend wirken und, vor allem richtig eingesetzt, Verfestigung von Streit und Ärger verhindern. Natürlich ist es wichtig, sich zunächst überhaupt Zeit zu nehmen. Da können Sie dann spielerische Lernsituationen schaffen und die in den folgenden Kapiteln dieses Buches vorgestellten Anregungen umsetzen.

2 Körperspiele zur Förderung der emotionalen Intelligenz

Körperspiele als Bausteine unseres EQ-Programms

Die Grundlage der emotionalen Intelligenz ist das Erkennen der eigenen Gefühle und der richtige Umgang damit.

Wir stellen in diesem Kapitel Spiele vor, die die Selbständigkeit des Kindes und sein Wahrnehmen von Gefühlen fördern. Es sind Gruppenspiele, bei denen die Kinder ein Bewusstsein für ihren Körper entwickeln können. Dazu gehört das Kennenlernen von Körperteilen, Körperausdruck und Körperbeherrschung sowie das Erleben von Bewegung und Ruhe, von Spannung und Entspannung. Das harmonische, ausgewogene Wechselspiel zwischen Spannung und Entspannung beeinflusst nachhaltig die Konzentrationsfähigkeit, das Wohlgefühl, die Leistungsfähigkeit, den Umgang mit Stress, die eigene Wahrnehmung und Ausdauer und natürlich auch das soziale Verhalten.

Unsere Entspannungsspiele beinhalten Übungsformeln, wie man sie beispielsweise aus dem autogenen Training oder der progressiven Muskelentspannung kennt (zum Beispiel «Ich bin ganz ruhig! Ich bin ganz schwer! Ich bin ganz warm!» oder

«Ich balle die Hand kräftig zu einer Faust!»). Sie sind einge-bettet in eine Phantasiereise oder Entspannungsgeschichte. In-zwischen liegen zahlreiche Erfahrungen vor, nach denen be-sonders Kinder, aber auch Erwachsene durch die in einer erzählten Geschichte enthaltenen Bilder leichter und tiefer Entspannung erfahren.

Für diese Art der Entspannung in Form einer erzählten Ge-schichte ist ein erwachsener Spielleiter unentbehrlich. Damit die Übungen gelingen und die Kinder die wohltuende Wir-kung von Entspannung genießen können, sollte der Spielleiter selbst Ruhe und Entspannung ausstrahlen, von der Wirkung seiner Texte überzeugt sein und die unterschiedlichen persön-lichen Erlebnisse und Empfindungen der Kinder während der Übungen respektieren. Er muss den Kindern Gelegenheit ge-ben, sich über Erfahrungen und Empfindungen zu äußern, aber auch tolerieren, wenn sie das nicht tun wollen. Unsere Ge-schichten bieten dafür Anregungen. Vielleicht versuchen Sie, liebe Leserinnen und Leser, auch eine eigene Geschichte zu er-finden und zu erzählen.

Das Gelingen von Entspannungsspielen hängt auch von der Be-reitschaft und Fähigkeit der Kinder ab, sich ruhig zu verhalten, die Augen zu schließen und dem Spielleiter zuzuhören. Oft muss sich diese Fähigkeit erst entwickeln – denken Sie also dar-an, je nach Anzahl und Alter der Kinder die Entspannungs-runde mehr oder weniger anzuleiten und mit einer ruhigen, aber bestimmten Aufforderung auch die «Zappelphilippe» zu integrieren. Ganz wichtig: Letztendlich sollte natürlich jedes Kind selbst entscheiden dürfen, ob es an einem Entspannungs-spiel teilnimmt oder nicht.

Die Körperspiele

Rechte Hand und linkes Ohr

Ort: kleiner Raum
Anzahl/Alter: Erwachsener und Kleinkind
oder Spielleiter (Erwachsener oder Kind)
und mehrere Kinder im Kindergarten-,
Vorschul- oder Grundschulalter

Dieses Spiel soll die Fähigkeit der Kinder fördern, Körperteile zu erkennen und zu benennen. Es kann auf dem Schoß (Erwachsener und Kind) oder in der Gruppe mit einem Spielleiter und mehreren Kindern gespielt werden.

Variante für Kleinkinder:

Der Erwachsene nennt einen Körperteil, sagt zum Beispiel: «Berühre deinen Bauch.» Das Kind versucht den genannten Körperteil am eigenen Körper zu bestimmen.

Variante für Kinder im Kindergartenalter:

Der Spielleiter nennt linke und rechte Körperteile. Er sagt zum Beispiel: «Berührt mit eurer rechten Hand euer linkes Ohr.» Die Kinder müssen nun die genannten rechten und linken Körperteile bestimmen.

Variante für Kinder im Vorschul- und Grundschulalter:

Der Spielleiter informiert über die Regeln, etwa so: «Ich bin etwas verwirrt, und meine Hände und Finger machen ganz andere Dinge als die, die ich mit meinen Worten benenne. Ihr müsst immer nur das tun, was ich sage, und nicht das, was ich mache!» Zum Beispiel benennt er das linke Bein, fasst aber gleichzeitig an sein rechtes Ohr. Die Kinder müssen in diesem Fall ihr linkes Bein berühren.

Wenn die Gruppe darin Routine hat, kann die Regel auch umgekehrt werden: Das, was der Spielleiter macht, muss nachgeahmt werden.

Das Modell

Ort: kleiner Raum
Anzahl / Alter: Spielleiter, 1 «Modell»
(Kind oder Erwachsener)
und mehrere Kinder im Kindergarten-,
Vorschul- oder Grundschulalter

Zur Entwicklung des Körperbewusstseins gehört auch die Körperbeherrschung. Dafür eignet sich das «Modell-Spiel» sehr gut.

Der Spielleiter sucht ein Kind aus, das bereit ist, das «Modell» zu spielen. Das Modell stellt sich in Pose. Vielleicht als Tier, als Torwart, als Balletttänzerin oder als lustiger Harlekin?

Variante für Kinder im Kindergartenalter:

Die Kinder versuchen, die Pose zu erkennen. Wer sie errät, darf sie nachahmen und danach «Modell» spielen und etwas anderes darstellen.

Variante für Kinder im Vorschul- und Grundschulalter:

Ein Kind schaut sich die Pose des «Modells» genau an. Dann dreht es sich um. Das Modell verändert seine Pose nun geringfügig. Das andere Kind darf sich wieder umdrehen und muss die Veränderung benennen. Erkennt es sie, darf es das «Modell» ablösen und muss sich etwas Neues ausdenken. Erkennt es die Veränderungen am Modell nicht, dürfen ihm die anderen Kinder oder der Spielleiter mit guten Tipps helfen.

Der kleine Drache im Gruselwald

Ort: *kleiner oder großer Raum*
Anzahl / Alter: *Spielleiter und mehrere Kinder im Kindergarten-,*
Vorschul- oder Grundschulalter
Material: *Rasseln und Kazoos, evtl. Duftöl (Lavendel)*

Bewegungsgeschichten trainieren zum einen das Körperbewusstsein, zum anderen aber auch Reaktionsvermögen, Vorstellungsfähigkeit, Konzentration und auditive Wahrnehmung der Kinder.

Der Spielleiter übernimmt die Rolle des Geschichtenerzählers. Er macht an passenden Stellen der Geschichte immer mal wieder Pausen, um Bewegungen und Geräusche vorzumachen (*im Text kursiv gesetzt*).
Die Kinder sitzen oder stehen im Halbkreis, hören der Geschichte zu und versuchen, diese Bewegungen und Geräusche nachzumachen.

Die Geschichte geht so:

Der kleine Drache Singsang Klingklangkling ist so ganz anders als die anderen kleinen Drachen. Die können fliegen und Feuer speien und sind mutig. Er ist ängstlich.

Aber Singsang Klingklangkling kann mit seinem Körper Musik machen:
Mit seiner Stimme und den Lippen trompeten
(*entsprechende Geräusche mit dem Kazoo*),
mit seinen Füßen trommeln
(*die Kinder stampfen auf den Boden*)
und mit seinem Bauch rasseln
(*um den Bauch gebundene Rasseln in Bewegung setzen*).

Seine Eltern tun alles, um ihm das Fliegen und das Feuer-
speien beizubringen, aber es bringt nichts.
Singsang Klingklangkling
trompetet, *trommelt* und *rasselt*
lieber.
Im Gruselwald soll er das Mutigsein lernen, meinen seine
Eltern und setzen ihn dort aus. Das hat ihm gerade noch
gefehlt. Den Gruselwald mag er ganz und gar nicht.
Singsang Klingklangkling zittert vor Angst
(*Kinder schütteln sich am ganzen Körper oder klappern mit den
Zähnen*),
als er dort in der Finsternis umherirrt. Was schwebt denn da
auf ihn zu? Viele Irrlichter! Sie summen eine schaurige
Melodie
(*heulen*)
und duften nach Lavendel
(*Duftöltropfen verspritzen*).
Die Irrlichter kommen immer näher. Einige kreisen um seinen

Kopf herum. Ihre Klänge und Düfte berauschen seine Sinne. Willenlos lässt er sich von den kleinen Lichtwesen ins Moor führen
(*alle folgen mit geschlossenen Augen und ausgestreckten Armen dem Spielleiter*).
Der kleine Drache merkt nicht, wie er immer tiefer im Moorboden versinkt
(*in die Knie gehen*).
Er kann nichts dagegen tun.
Ein starker Wind kommt auf
(*pfeifen und blasen*).
Es beginnt zu regnen
(*mit den Fingerspitzen auf den Boden trommeln*).

Körperspiele

Der Wind wird zum Sturm, peitscht den Regen über das Moor und gegen Singsang Klingklangklings benebelten Kopf.

Da erwacht er aus seinem Rausch
(*Augen öffnen*).
Für einen Moment wird sein Kopf wieder klar. Und als er bemerkt, dass er bis zum Bauch im Moor steckt, versucht er sich zu befreien. Das ist mühsam, aber er schafft es
(*mit den Armen auf dem Boden umhertasten, langsam in Standhaltung hochstemmen*).
Endlich hat er wieder festen Boden unter den Füßen. Regen und Sturm lassen nach. Die Irrlichter starten einen neuen Angriff auf den kleinen Drachen.

Wieder summen sie ihre schaurige Melodie
(*heulen*)
und verströmen ihre Düfte.
Aber Singsang Klingklangkling weiß sich zu wehren.
Er
trompetet, *trommelt* und *rasselt*
so laut, dass die Irrlichter kreischend die Flucht ergreifen
(*schaurig schreien, leiser werden*).

Der kleine Drache ist zufrieden.
Dieses gefährliche Abenteuer hat er mutig bestanden.

Armer schwarzer Kater

Ort: großer Raum oder Wiese
Anzahl / Alter: mind. 5 Kinder im Kindergarten-,
Vorschul- oder Grundschulalter
Material: für jedes Kind 1 Stuhl

«Armer schwarzer Kater» ist ein traditionelles Kinderspiel, das die Darstellung von Gefühlen und die Körperbeherrschung fördert. Ein Spielleiter ist nicht erforderlich. Die Spielregeln sind weithin bekannt. Wir wollen sie aber noch einmal in Erinnerung rufen.

Ein Kind spielt den «Kater». Was ist nur mit dem Kater los? Niedergeschlagen kriecht er im Kreis herum. Endlich sucht er sich einen Mitspieler aus, dem er sein Leid klagt. Er miaut herzerweichend, jammert und klagt und macht dazu die tollsten Verrenkungen.
Keines der im Stuhlkreis sitzenden Kinder darf eine Reaktion zeigen. Der Mitspieler, dem sich der «arme schwarze Kater» anvertraut hat, sagt den Spruch: «Ach, du armer schwarzer Kater!» Verzieht er dabei sein Gesicht oder lächelt er sogar, wird er auch zum «armen schwarzen Kater».

Bierdeckel erspüren

Ort: kleiner oder großer Raum
Anzahl / Alter: Spielleiter und mind. 1 Kind
im Vorschul- oder Grundschulalter
Material: Bierdeckel

Auch bei diesem Spiel geht es um Spannung und Entspannung verschiedener Körperteile. Der Spielleiter kann es gemeinsam mit einem oder mehreren Kindern spielen.

Aber auch eine Spielvariante mit paarweise spielenden Kindern ist möglich.

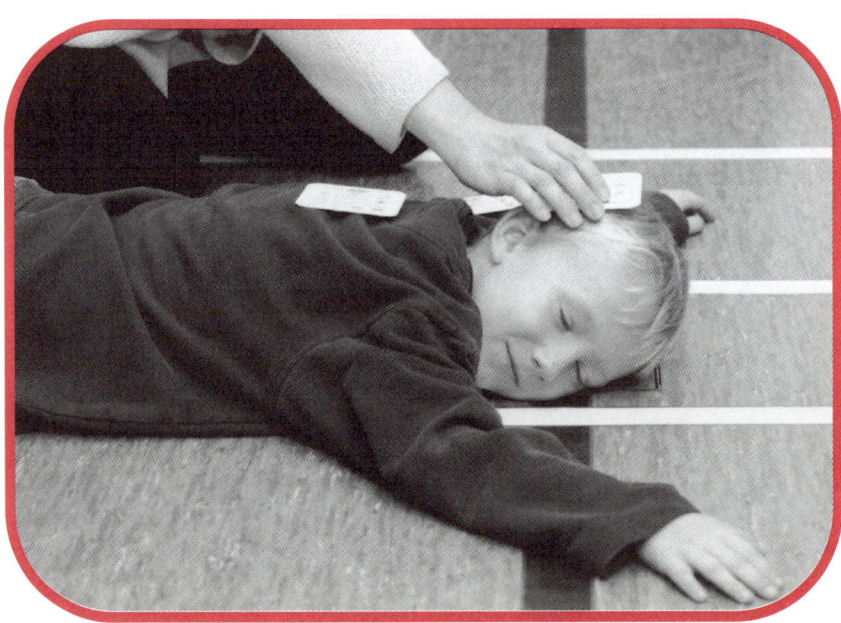

Spielvariante mit Spielleiter:

Ein oder mehrere Kinder liegen entspannt auf dem Bauch und haben die Augen geschlossen. Gehen wir davon aus, dass es mehrere Kinder sind. Sie sollen die Bierdeckel «erspüren», die der Spielleiter ihnen mit leichtem Druck nach und nach auf die Körper legt. Dafür sollten sie ausreichend Zeit haben.

Folgende Reihenfolge ist sinnvoll: Rechte Hand, rechter Arm, linke Hand, linker Arm, rechtes Bein, linkes Bein, Po, Rücken und Kopf.

Danach nimmt der Spielleiter ihnen die Bierdeckel in der entgegengesetzten Reihenfolge wieder ab. Etwas ältere und geübte Kinder können hinterher berichten, wo sie die Bierdeckel gespürt haben und was das für ein Gefühl war.

Bierdeckel balancieren

Ort: kleiner oder großer Raum
Anzahl / Alter: Spielleiter und mehrere Kinder
im Vorschul- oder Grundschulalter
Material: möglichst viele Bierdeckel

Bei diesem Spiel erleben Kinder Spannung und Entspannung verschiedener Körperteile und Muskeln.

Der Spielleiter legt den im Raum langsam umhergehenden Kindern Bierdeckel auf den Kopf, auf die Hände oder auf die Schultern, und zwar so, dass nach und nach die Körperteile einbezogen werden.

Wer schafft es, möglichst viele davon über einen längeren Zeitraum zu balancieren?

Die heruntergefallenen Bierdeckel sammelt der Spielleiter auf und verwendet sie wieder. Nach fünf Minuten wird eine neue Runde eingeleitet.

Die Kirsche

Ort: kleiner oder großer Raum
Anzahl / Alter: Spielleiter und Kinder im Kindergarten-,
Vorschul- oder Grundschulalter
Material: ggf. Kassettenrecorder oder CD-Player und Tonträger
mit ruhiger Musik

Phantasiereise-Geschichten lassen Kinder das Gefühl der Entspannung besonders tief erleben.

Der Spielleiter erzählt oder liest im langsamen Rhythmus den kurzen, bildbetonten Text «Die Kirsche». Zwischen den Sätzen macht er Pausen, sodass die zuhörenden Kinder freie Zeit zum eigenen Erleben haben. Das ist wichtig, denn der Text soll bei den Zuhörern nur eine bildhafte Vorstellung wecken. Die Kinder versuchen, die Bilder des vorgetragenen Textes zu übernehmen, die verschiedenen Details nach eigenen positiven Vorstellungen zu gestalten und mit allen Sinnen zu erleben.
Am besten geht das mit geschlossenen Augen, entspannt sitzend oder auf einer Matte ausgestreckt.
Diese «Spielregeln» gelten natürlich auch für die Phantasiereise «Löwenzahn» ab S. 48.

Und das ist der Text «Die Kirsche»:

Stell dir einen Kirschbaum vor.

Pause

Er hängt voller Kirschen.

Pause

Such dir eine Kirsche aus.

Pause

Ist sie hellrot oder dunkelrot?

Pause

Stell dir deine Lieblingskirsche genau vor – ihre Form, ihre Farbe.

Pause

Was empfindest du dabei?

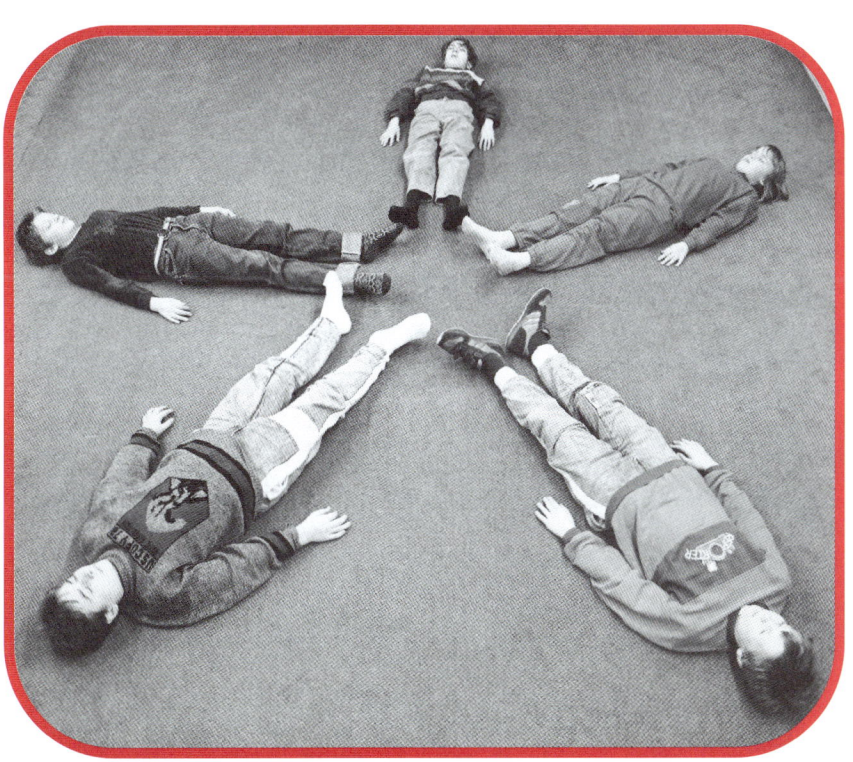

Pause

Wie fühlt die Kirsche sich wohl an? Ist ihre Haut glatt oder rau?

Pause

Stell dir vor, wie sich die Kirsche anfühlt.

Pause

Was fühlst du dabei?

Pause

Stell dir vor, wie die Kirsche von innen aussieht.

Pause

Kannst du ihren Kern sehen?

Pause

Wie mag die Kirsche wohl riechen?

Pause

Stell dir vor, wie die Kirsche riecht.

Pause

Was empfindest du, wenn du dir den Geruch der Kirsche vorstellst?

Pause

Wie mag sie wohl schmecken? Süß oder sauer?

Pause

Stell dir vor, wie die Kirsche schmeckt.

Pause

Was empfindest du, wenn du dir den Geschmack der Kirsche vorstellst?

Pause

Deine Lieblingskirsche hängt immer noch am Baum und schaukelt sanft im Wind.

Der Maler

Ort: kleiner Raum
Anzahl / Alter: 2 Kinder im Grundschulalter
Material: Stuhl

Das «Maler-Spiel» trainiert das Körperbewusstsein und die taktile Wahrnehmung des Kindes. Es kann ohne Spielleiter von zwei Kindern gespielt werden.

Ein Kind sitzt in entspannter Haltung auf einem Stuhl. Es soll erraten, was sein Spielpartner, der «Maler», mit den Fingern auf seinen Rücken «malt». Das können Buchstaben, Wörter, Zahlen, geometrische Formen oder einfache Bilder mit klaren Konturen sein. Der «Maler» arbeitet sehr langsam und schweigt dabei. Ganz egal, ob das «Kunstwerk» des Malers erraten wurde oder nicht, sollten beide Kinder nach Beendigung der Malaktion ihre Rollen tauschen.

Löwenzahn

Ort: kleiner oder großer Raum
Anzahl / Alter: Spielleiter und Kinder im Kindergarten-,
Vorschul- oder Grundschulalter
Material: Kassettenrecorder oder CD-Player und Tonträger
mit ruhiger Musik

Stell dir eine bunte Blumenwiese vor.
Pause
Auf der Blumenwiese stehen viele Pflanzen, auch Löwenzahn
mit kräftigen Stängeln, gelben Blüten und gezackten Blättern.
Pause
Stell dir einen Löwenzahn genau vor.
Pause
Die volle Blüte des Löwenzahns lockt eine Biene an.
Pause
Hörst du, wie sie summt?
Pause
Ihr Körper ist mit Blütenstaub bedeckt.
Pause
Die Biene kriecht zwischen den Blüten des Löwenzahns
umher, sammelt Blütensaft.
Pause
Dabei verliert sie Blütenstaub, nimmt aber auch neuen
wieder auf.
Pause
So hat die Biene unseren Löwenzahn bestäubt und befruchtet.
Pause
Die Biene hat genug Blütensaft gesammelt und fliegt davon.
Pause
Ganz langsam schließt sich die Blüte des Löwenzahns.
Pause

Und mit der Zeit verliert sie ihre leuchtend gelbe Farbe
und verblüht.

Pause

Samen wachsen, werden immer größer, bis sie reif sind
und sich öffnen.

Pause

Kannst du dir vorstellen, wie der Löwenzahn nun aussieht?

Pause

Er sieht aus, als ob er viele kleine weißgraue Fallschirme
tragen würde.

Pause

Der Löwenzahn hat sich in eine Pusteblume verwandelt.

Pause

Ein sanfter Wind weht über die Blumenwiese. Spürst du ihn
auch?

Pause

Der Löwenzahn bewegt sich hin und her, und der Wind reißt
und zerrt an seinen kleinen Fallschirmen.

Pause

Die meisten Fallschirme lösen sich und fliegen davon.

Pause

Schau sie dir an.

Pause

Der Wind pustet auch die kleinen Fallschirme der anderen
Löwenzahnblüten in die Luft und lässt sie treiben.

Pause

Langsam gleiten die kleinen Samen-Fallschirme über die
Blumenwiese dahin.

Pause

Irgendwo werden sie landen.

Pause

Und da, wo sie landen, sorgen sie dafür, dass wieder neuer
Löwenzahn wächst.

Der Riese Tollpatsch und sein Spiegelbild

Ort: kleiner oder großer Raum
Anzahl / Alter: Spielleiter und Kinder im Kindergarten-,
Vorschul- oder Grundschulalter

Diese Spielgeschichte ist eine Vorübung zur progressiven Muskelentspannung. Dabei werden unterschiedliche Muskelgruppen nacheinander mit steigender Intensität angespannt und anschließend entspannt.

Der Spielleiter und die Kinder sitzen oder stehen.
Der Spielleiter erzählt vom Riesen Tollpatsch und setzt die Geschichte in Bewegung um. Die Kinder machen alles nach.

Die Geschichte geht so:

Der Riese Tollpatsch ist ein begeisterter Läufer. Jeden Tag läuft er durch die Wälder. Die Erde bebt unter seinen Füßen.
(Auf der Stelle laufen)
Einmal macht er an einem kleinen See Rast. Er nimmt einen kräftigen Schluck Wasser und sieht auf der Wasseroberfläche sein Spiegelbild.
(Vorbeugen und Trinken nachahmen)
«Was schaut mich der Kerl so blöd an?», sagt der Riese Tollpatsch zu seinem Spiegelbild. «Dem will ich mal zeigen, wie stark ich bin!»
Tollpatsch ballt seine großen Hände zu Fäusten und spannt die Unterarm- und Oberarmmuskulatur kräftig an.
(Anspannen der Muskeln und ruhig atmen)
Auch sein Spiegelbild tut das. Tollpatsch spannt seine Muskeln noch mehr an.
(Spannung halten)

Da bemerkt er, dass er sein eigenes Spiegelbild bedroht hat. Seine Anspannung lässt nach.

«Was bin ich doch für ein Tollpatsch!», ruft er. Er spielt mit den Fingern seiner Hände, und seine Muskeln werden immer lockerer und entspannter.

(Muskeln entspannen)

Er atmet ruhig ein und aus, ein und aus.

(Eine Weile ruhig und bewusst atmen)

Und dann rennt der Riese Tollpatsch wieder durch die Wälder, dass die Erde bebt.

(Auf der Stelle laufen)

Die Figur

Ort: kleiner Raum
Anzahl / Alter: mehrere Kinder im Kindergarten-,
Vorschul- oder Grundschulalter

Bei diesem Spiel geht es um die Schulung des Körperausdrucks. Wer formt eine noch unfertige «Figur»? Ein Bildhauer natürlich.

Variante für Kinder im Kindergartenalter:

Ein Kind spielt die «Figur», ein anderes den «Bildhauer». Der «Bildhauer» soll die «Figur» formen. Seiner Phantasie sind keine Grenzen gesetzt. Vielleicht formt er sie zu einem Tier oder zu einem Sportler. Figur und Bildhauer können nach Vollendung des Werkes die Rollen tauschen.

Variante für Kinder im Vorschul- und Grundschulalter:

Ein Kind posiert als «fertige Figur». Ein anderes Kind versucht als «Bildhauer» ein drittes Kind so zu formen, dass es der fertigen Figur möglichst ähnlich ist.

Variante für Kinder im Grundschulalter:

Ein Kind posiert als «unfertige Figur». Der «Bildhauer» darf die Figur aber nicht mit den Händen formen, sondern muss ihr aus etwa zwei bis drei Meter Entfernung mit Fingerspitzensignalen zu verstehen geben, welche Körperteile sie in welcher Weise verändern soll.

Die Figur führt die Veränderungen so aus, wie sie sie versteht. Bildhauer und Figur dürfen dabei nicht reden. Der Bildhauer darf auch keine Bewegung vormachen. Er darf aber mit einer Handbewegung den Zeitpunkt der Vollendung seines Kunstwerkes bestimmen.

Danach sollten beide über ihre Kommunikation und die dabei eventuell aufgetretenen Probleme reden. Zuschauer dürfen natürlich auch ihre Meinung äußern. Danach werden die Rollen getauscht.

Der kleine Drache
und der Riese Tollpatsch

Ort: kleiner oder großer Raum
Anzahl/Alter: Spielleiter und mehrere Kinder im Kindergarten-,
Vorschul- oder Grundschulalter
Material: Kassettenrecorder oder CD-Player, Tonträger mit
Instrumentalmusik (zum Beispiel 1. und 2. Teil «La Mer»,
Claude Debussy); Rasseln und Kazoos

Die Geschichte vom kleinen Drachen und dem Riesen Tollpatsch führt Stille und Entspannung über Bewegungsspiele ein.

Der Spielleiter erzählt die Geschichte und macht dabei Bewegungen und Geräusche vor, die von den Kindern spontan umgesetzt werden. Er baut aber auch Entspannung und Stille in die Geschichte ein. Achtsamkeit sowohl auf Bewegung als auch auf Stille und auf Geräusche können wir so bei den Kindern fördern.

So wird ihnen der Unterschied zwischen Bewegung und Ruhe bewusst. Die Kinder lernen, beides zu kontrollieren.

Die Geschichte besteht aus vier Teilen. Dem ersten Bewegungsteil folgt ein Stilleteil, dem wieder ein Bewegungsteil folgt, und den Abschluss bildet wieder ein Stilleteil.

1. Teil (mit Musikuntermalung – Spielleiter und Kinder machen zum Erzählteil die passenden Bewegungen und Geräusche):

Der kleine Drache Singsang Klingklangkling wohnt in einer Höhle an der Felsküste des großen Meeres. Heute Morgen verlässt er seine Höhle schon sehr früh. Er will im Meer baden. Draußen ist es stürmisch. Ein kühler Wind bläst ihm ins Gesicht.

(Windgeräusche)

Um ans Wasser zu kommen, muss er gegen den Wind laufen. Das ist gar nicht so einfach. Er kommt nur langsam voran. *(Angestrengt auf der Stelle laufen)*

Endlich erreicht er seinen Badeplatz. Ratlos steht er da. Der Wind peitscht hohe Wellen über die Felsen. Wie das spritzt. Er wird pitschnass. Das Meer ist ja ganz aufgewühlt. Ihm ist die Lust am Baden vergangen.

Der kleine Drache kehrt zu seiner Höhle zurück. Jetzt hat er Rückenwind. Er läuft langsam. Dann läuft er schneller und noch schneller. Der starke Wind treibt ihn vor sich her.
(Auf der Stelle rennen)
Endlich hat der kleine Drache seine Höhle erreicht. Puh! Das war anstrengend. Er muss sich erst einmal ausruhen.
(Schweiß von der Stirn wischen, hinlegen)

2. Teil (Musik ausblenden;
ggf. leise Wind- und Meeresgeräusche einblenden):
Ganz still liegt der kleine Drache in seiner Höhle.
(Spielleiter und Kinder legen sich hin)
Er hört nur das Geräusch des Windes und der Meereswellen. Aber was ist das? Sind das nicht Schritte? Er schließt seine Augen und lauscht. Ganz ruhig und still liegt er da. Aber er hört nur den Wind und die Wellen.
(Kleine Pause)
Doch was ist das für ein Geräusch? Darauf hat er ja noch nie geachtet. Es ist sein eigener Atem. Er hört den Rhythmus seines Atems. Er atmet ein und aus. Ganz ruhig und gleichmäßig.
(Kleine Pause)
Aber da ist wieder das Geräusch, das ihn eben schon beunruhigt hat. Es hört sich wie stampfende Schritte an.
(Spielleiter geht auf der Stelle)

3. Teil (Musikuntermalung – Spielleiter und Kinder
begleiten diesen Teil der Geschichte wieder mit Bewegungen
und Geräuschen):
Der kleine Drache verlässt seine Höhle, um nachzusehen, woher das Geräusch kommt. Er traut seinen Augen nicht. Da steht er in voller Größe: der Riese Tollpatsch. Und was der für einen Unsinn redet: «Du hast Sand in meine Höhle gepustet. Dafür will ich dich verprügeln!»

(Hände zu Fäusten ballen und drohend schütteln)

Der Riese Tollpatsch versucht, den kleinen Drachen zu fangen. Er schafft es nicht, denn der ist schneller.

(Paare bilden, die sich verfolgen)

Und dann atmet der kleine Drache ganz tief ein und bläst seinen kräftigsten Trompetenton.

(Kazoo)

Dazu trommelt er mit den Füßen und rasselt mit dem Bauch.

(Rasseln um den Bauch bewegen)

Der Riese Tollpatsch verliert das Gleichgewicht und wird durch die Luft gewirbelt. Er landet unsanft auf dem Po. Er rappelt sich wieder auf und läuft, so schnell er kann, davon. Der kleine Drache lacht. Dieses gefährliche Abenteuer hat er mutig bestanden.

4. Teil (Musik ausblenden):

Als es Abend wird, hat sich auch der Wind gelegt. Und nicht nur der Wind, auch der kleine Drache kommt endlich zur Ruhe. Da liegt er ausgestreckt in seinem Drachenbett und streckt alle viere von sich.

(Spielleiter und Kinder legen sich hin)

Er reckt und streckt sich noch einmal.

(Kleine Pause)

Dann liegt er ganz ruhig und schließt seine Augen. Die Ruhe strömt in seinen Körper, auch in seine Gedanken. Seine Glieder sind schwer. Spürst du, wie schwer sie sind?

Sein Körper wird ganz warm. Spürst du seine Wärme? Die Wärme strömt durch alle seine Körperteile. Er atmet ruhig und gleichmäßig ein und aus.

Der kleine Drache fühlt sich wohl. So liegt er eine Zeit lang und fühlt, wie neue Energie durch seinen Körper strömt.

3 Kontaktspiele zur Förderung der emotionalen Intelligenz

Kontaktspiele als Bausteine unseres EQ-Programms

Das Wissen über die Gefühle anderer müssen wir uns aneignen, um emotional intelligent zu handeln, unser Verhalten den verschiedenen Situationen anzupassen und unsere eigenen Ziele durchzusetzen. Je früher, desto besser. Diese Grundlagen der emotionalen Intelligenz können wir unseren Kindern schon sehr früh «spielend» vermitteln. Dazu gehören Bewegungs- und Wahrnehmungsspiele, bei denen der Kontakt zwischen dem Erwachsenen und dem Kind sehr eng ist. Diese Spiele können wir auch als Kontaktspiele oder soziale Spiele bezeichnen. Erwachsener und Kind schauen sich beim Spielen meist intensiv an, reagieren aufeinander, die Stimme, das Lachen, die Körperhaltung sind einander zugewandt.

Eine Auswahl solcher Spiele stellen wir in diesem Kapitel vor. Einige, wie «Hoppe, hoppe Reiter» oder «Wie das Fähnchen auf dem Turme», sind weit verbreitet. In den Familien wurden sie auch früher schon gespielt.

Zu den Kontaktspielen gehören natürlich auch die Partner- und Gruppenspiele für Kinder im Kindergarten-, Vorschul- und

Grundschulalter. Wir haben solche ausgesucht, die das gemeinsame Handeln mit einem Spielpartner, aber auch solche, die das gemeinsame Handeln in einer Gruppe fördern, Spiele, die einen Kontakt über Materialien (zum Beispiel «Zwei verliebte Klapperschlangen»), einen direkten Kontakt zum Spielpartner (zum Beispiel «Zahlen gehen») oder einen Kontakt über eine gemeinsame Gruppenaufgabe (zum Beispiel «Knoten entwirren») vorsehen.

Die Kinder erleben dabei auch das Gefühl, Freunde zu haben, sie müssen mit Konkurrenz umgehen lernen und beginnen den Unterschied zu verstehen, was es heißt, sich in der Gruppe zu bewegen oder auch für sich sein zu können.

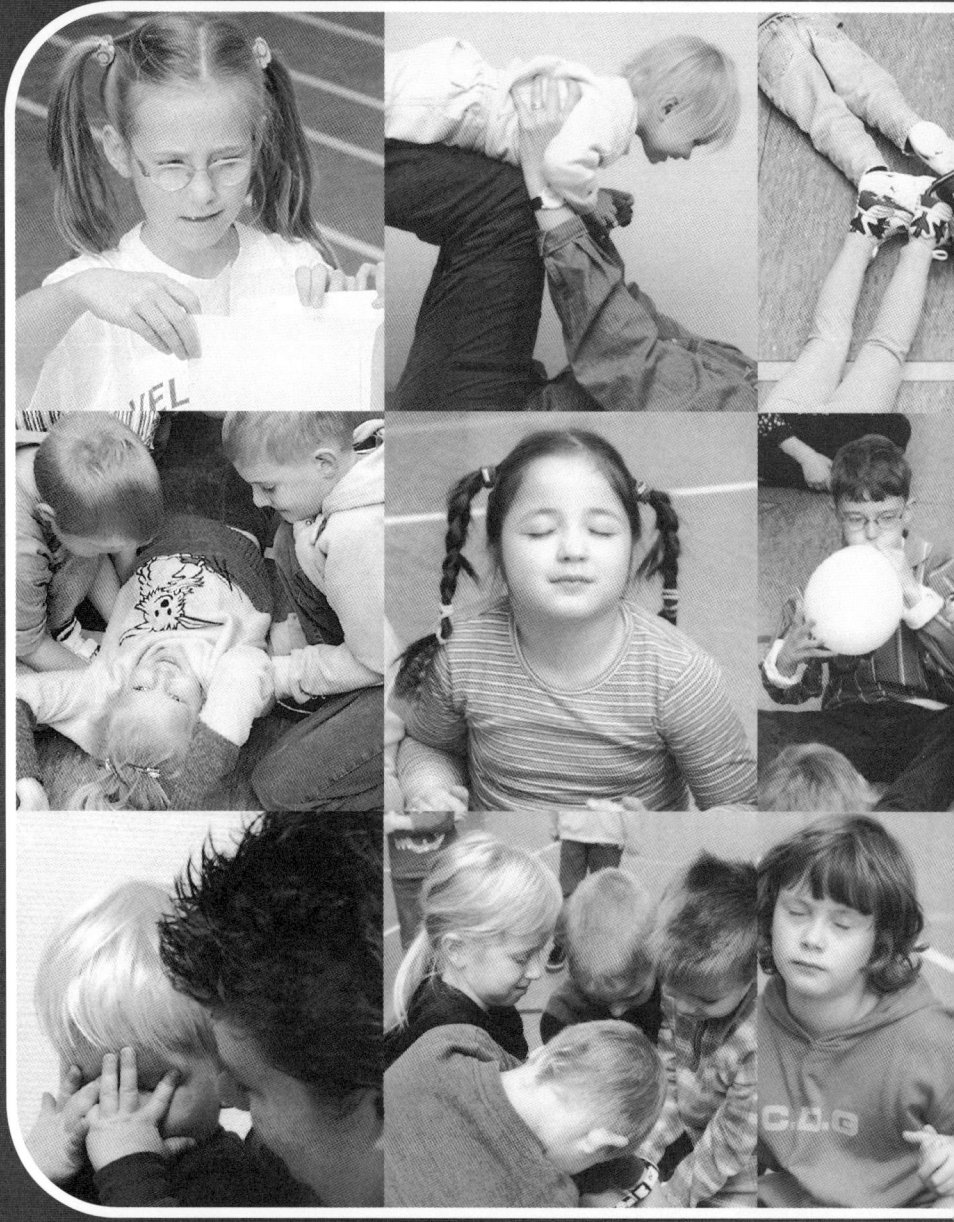

Die Kontaktspiele

Grimassen schneiden

Ort: überall
Anzahl / Alter: Erwachsener und 3–6 Monate altes Kleinkind

Im Alter von drei Monaten hat das Baby meist erstmalig eine zielgerichtete Interaktion mit seiner Umwelt. Die Eltern haben den Eindruck, das Kind schaue sie an und interessiere sich für ihren Gesichtsausdruck. Die emotionale Beziehung zwischen Eltern und Kind verstärkt sich. Das Baby lernt durch Beobachtung viel darüber, wie Emotionen entschlüsselt und ausgedrückt werden.

Es ist wichtig, dass Eltern oder Kontaktpersonen diese Entwicklung des Kindes aktiv unterstützen, indem sie versuchen, seine Aufmerksamkeit zu wecken und aufrecht zu erhalten. Dafür eignen sich Mimik-Spiele, denn spätestens nach dem ersten Vierteljahr kann das Baby etwas, was jeden Erwachsenen in Erstaunen versetzt: Es kann Mimik imitieren.

Am meisten Spaß machen Mimik-Spiele, wenn die Erwachsene sich zum Kleinkind auf dem Boden legt und den Kopf anhebt oder das Kind auf ihrem Schoß sitzt.

Sie sollte das Kind ein paar Sekunden lang bewegungslos anschauen, möglichst ohne einen bestimmten Gesichtsausdruck. Bald wird das Baby unsicher, denn es kann aus dem Gesicht des Gegenübers nicht herauslesen, ob es mehr oder weniger freundlich gestimmt ist.

Es wird unruhig. Nun sollte die Erwachsene das Baby anlächeln. Erleichtert lächelt das Baby dann sicher auch. Bestimmt wird es auch vor Freude strampeln.

Das könnte der Einstieg in ein Grimassen-Spiel sein.

Die Erwachsene schaut das Baby ganz ernst an, streckt die Zunge heraus, rümpft die Nase, zieht die Augenbrauen hoch

und zeigt eine umfangreiche Palette unseres Mienenspiels. Staunend wird die Erwachsene feststellen, dass das Baby ihre Mimik, so gut es kann, imitiert.

Diese Nachahmungsspiele sind wichtig, weil das Baby merkt, dass seine Eltern intensiv auf seine Äußerungen achten und auf seine Gefühle reagieren. Das Kind macht die Erfahrung, dass es mit einem anderen Menschen in Kontakt treten kann und von ihm verstanden wird.

Kuckuck

Ort: überall
Anzahl / Alter: Erwachsener und 3 – 6 Monate altes Kleinkind

Das Baby lernt in dieser Zeit, dass seine starken negativen Emotionen auf seine Eltern eine Wirkung haben. Schreit es, reagieren sie. Es lernt, dass es möglich ist, starke Emotionen zu äußern und dann getröstet zu werden.

Beim Kuckuck-Spiel, wenn die Eltern ihr Gesicht hinter den Händen verstecken, erlebt das Kind das Gefühl der Angst und wird es zum Ausdruck bringen. Es ist der Trennungsschmerz, die Angst vor dem Verlassenwerden.

Nach mehreren Wiederholungen des Spielvorgangs hat das Kind diese Angst überwunden. Es weiß: Alles ist nur ein Spiel, denn das vertraute Gesicht taucht ja immer wieder auf. Das Kind begreift die Angst als zum Spiel gehörende Spannung, die wieder vergeht. Es erlebt sie wie einen Nervenkitzel und genießt das Gefühl.

Mit fortgeschrittenem Alter wird es selbst versuchen, sein Gesicht hinter den Händen verschwinden zu lassen. Sein größter Spaß wäre dann, wenn die Eltern als Reaktion auf seine Vorführung große Angst heucheln würden.

Brabbelgespräche

Ort: überall

Anzahl / Alter: Erwachsener und 3 – 12 Monate altes Kleinkind

Die emotionale Kommunikation zwischen Baby und Eltern kann mimisch oder auch durch Laute stattfinden. Kinder beginnen im Alter von drei Monaten meist zu lallen und zu brabbeln. Lalala- und Dadada-Silben entwickeln sich im Lauf der Zeit zu langen Silbenketten.

Eltern können diese Entwicklung ihrer Kinder spielerisch unterstützen, indem sie als Echo die Silbenketten nachsprechen. So entsteht aus den Lalllauten des Babys und den Antworten des Erwachsenen schon ein erster Dialog, der ihm sicher große Freude bereitet.

Am Ende des ersten Lebensjahres wird es in der Lage sein, Erwachsenen, die es ansprechen, mit Lallmonologen zu antworten. Auch kann es dann schon einfache Laute, die ihm Erwachsene vorsprechen, wiederholen. Vielleicht versucht es sogar schon einige Wörter richtig nachzusprechen und lernt, den Sinn ganzer Sätze und Redewendungen zu verstehen.

Eine sinnvolle Ergänzung des Sprachdialogs zwischen Eltern und Kind sind Klangspiele und Lieder.

Wie das Fähnchen auf dem Turme

Ort: kleiner Raum
Anzahl / Alter: Erwachsener und 6 – 12 Monate altes Kleinkind

Mit zunehmendem Alter ist das Baby auch in der Lage, einfache Handbewegungen und Spiele mit den Fingern nachzuahmen.

Der Erwachsene «baut» mit hoch gerecktem Arm einen Turm. Er bewegt seine ausgestreckte Hand hin und her. Dies ist das Fähnchen, das sich bei Wind und Wetter dreht. Dazu spricht der Erwachsene den folgenden Text oder singt ihn zur bekannten Melodie. Bestimmt will das Kind die Bewegungen gleich nachahmen:

Wie das Fähnchen auf dem Turme
sich kann drehn bei Wind und Sturme,
so soll sich mein Händchen drehn,
dass es eine Lust ist anzusehn.

Spielsachen verstecken

Ort: überall
Anzahl / Alter: Erwachsener und 6 – 12 Monate altes Kleinkind
Material: Spielsachen

Im Alter von sechs Monaten lernt das Kind, Gefühle (wie Freude, Neugier, Angst und Enttäuschung) auszudrücken und mit seiner Umwelt zu teilen. Es kann seine Aufmerksamkeit verlagern, ohne Dinge und Menschen zu vergessen, die es nicht mehr im Blickfeld hat. Es wird die Eltern auffordern, mit den vielen Dingen zu spielen, die es mag. Und wir können sicher sein, dass es darüber seine Gefühle zum Ausdruck bringen wird. Vor allem wenn die Eltern diese Sachen verstecken. Sie sollten sie aber so verstecken, dass sie noch teilweise sichtbar sind. Kuscheltiere, Puppen oder verschiedene Spielsachen bieten sich an.

Nachdem die Eltern die Sachen versteckt haben, benennen sie ein Teil nach dem anderen und fragen ihr Kind, wo es geblieben ist. Klappt die Suche nicht auf Anhieb, geben die Eltern natürlich Hilfestellung.

Sammeln

Ort: überall
Material: Knöpfe, Kieselsteine, Bauklötze usw.
Anzahl / Alter: Erwachsener und 9–12 Monate altes Kleinkind

In diesem Alter entdeckt das Kind seine Sammelleidenschaft. Es unternimmt krabbelnd seine Streifzüge, sammelt kleine Gegenstände und versucht, sie in Flaschen, Gläser und Schachteln zu stecken und wieder herauszunehmen. Es lernt: Sachen verschwinden in irgendeinem Behälter, einem Kasten oder einer Schachtel – ich kann sie aber immer wieder sichtbar machen.

Es macht auch für Eltern großen Spaß, mitzuspielen und gemeinsam mit dem Kind neue Spielvarianten auszuprobieren.

Das Kind weiß, dass es beruhigt seine «Sammel-Streifzüge» unternehmen kann, wenn die Eltern in seiner Nähe sind und ihm eine Anlaufstelle und «Schutzzone» bieten. Da erfährt es Sicherheit. Es erwartet die emotionalen Signale seiner Eltern und muss sicher sein, dass es sich auf ihre Botschaften verlassen kann. Es hat gelernt, ihre Mimik, ihre Gestik und ihren Tonfall einzuschätzen. Es begreift, dass Menschen Gedanken und Gefühle miteinander teilen können. Es merkt, dass seine Eltern wissen, wie es sich fühlt. Es begreift, dass Menschen und Dinge zu seinem Leben gehören, dass sie zwar nicht immer in seinem Blickfeld sind, aber nach ihrem Verschwinden meistens wieder auftauchen.

Kontaktspiele

Geht ein Mann die Treppe rauf

Ort: kleiner Raum
Material: Stuhl
Anzahl / Alter: Erwachsener und Kleinkind

Auch dieses Spiel ist ein Kniereiter- oder Schoßspiel. Die Erwachsene lässt Mittel- und Zeigefinger den Kinderarm hinauf wandern. Bei «klingelingeling» zieht sie zärtlich am Ohrläppchen des Kindes, bei «klopft an» pocht sie an die Stirn. Dann wandern ihre Finger zur Nase des Kindes und tippen sie sacht an – oder sie fassen es an die Nase und bewegen den Kopf im Sprechrhythmus, wenn das Kind auch an kräftigeren Bewegungen Spaß hat. Dazu passt folgender Text:

Geht ein Mann die Treppe rauf,
klingelingeling,
klopft an,
klopft an:
«Guten Tag, Frau Nasenmann!»

Hoppe, hoppe, Reiter

Ort: kleiner Raum
Material: Stuhl
Anzahl/Alter: Erwachsener und Kleinkind

Überall in der Welt nehmen Väter und Mütter ihr Kind auf den Arm oder auf den Schoß, wenn es weint. Sie versuchen, es durch rhythmische Bewegungen zu beruhigen. Das tun sie instinktiv, werden aber oft bestätigt: Das Kind beruhigt sich tatsächlich. Das bewirkt die elterliche Nähe, aber auch die rhythmische Bewegung.

Beim Kniereiten hebt und senkt der Erwachsene seine Knie und macht so eine Reitbewegung. Das Kind hoppst. Irgendwann bricht der Erwachsene diese beruhigende rhythmische Bewegung abrupt ab und lässt den kleinen Reiter nach hinten fallen, ohne ihn loszulassen. Das bringt ihn aus dem Gleichgewicht. Er bekommt Fall-Angst und sucht nach Halt. Nach wenigen Momenten hebt der Erwachsene ihn wieder auf den Schoß und setzt die rhythmische Bewegung fort.

Das Kind hat seinen Sturz als Nervenkitzel erlebt und genießt danach wieder die Geborgenheit.

«Hoppe, hoppe, Reiter» ist sicher der bekannteste Kniereiter deutscher Sprache. Obwohl sich nur die erste Strophe allgemein durchgesetzt hat, wollen wir Ihnen auch die beiden anderen Strophen vorstellen. «Fressen» ist sicherlich ein Wort, das Angst machen kann. Deshalb ist es wichtig, dem Kind durch eine freundschaftliche Körpersprache diese Angst zu nehmen. Wir wollen das Kind ja nicht bestrafen, sondern zusammen Spaß haben. Also, auf geht's – ein neuer Ritt: Der kleine Reiter hat es sich auf Vaters oder Mutters Schoß gemütlich gemacht. Das «Pferd» setzt sich in Bewegung. Zum Schluss muss der Reiter sich gut festhalten, damit er nicht herunterfällt.

Zum Spiel passt der folgende Text. Wer die Melodie dazu kennt oder sich eine eigene erfindet, kann die Verse natürlich auch singen.

Hoppe, hoppe, Reiter,
wenn er fällt, dann schreit er!
Fällt er in den Graben,
fressen ihn die Raben.
Fällt er in den Sumpf,
macht der Reiter plumps!

Hoppe, hoppe, Reiter,
wenn er fällt, dann schreit er!
Fällt er auf die Steine,
tun ihm weh die Beine.
Fällt er in den Sumpf,
macht der Reiter plumps!

Hoppe, hoppe, Reiter,
wenn er fällt, dann schreit er!
Fällt er in die Hecken,
fressen ihn die Schnecken.
Fällt er in den Sumpf,
macht der Reiter plumps!

Der Flieger

Ort: kleiner oder großer Raum
Anzahl / Alter: Erwachsener und Kleinkind

Beim «Flieger-Spiel» erlebt das Kind das Körpergefühl der Fall-Angst und die Geborgenheit, wenn es nach Halt sucht und diesen Halt beim Erwachsenen auch findet.

Die Erwachsene legt sich auf den Rücken. Ihre Beine sind nach oben hin angewinkelt, sodass das Kind in Bauchlage auf ihren Schienbeinen liegt. Sie hält es an den Schultern fest.

Nun kann der Flug beginnen. Irgendwann macht der kleine «Flieger» eine Bruchlandung und fällt auf den Bauch seines erwachsenen Spielpartners. Aber der kleine Flieger rappelt sich wieder zu einem neuen Flug auf.

Buchstaben legen

Ort: großer Raum oder Wiese
Anzahl / Alter: Spielleiter und mind. 5 Kinder im Grundschulalter,
die schon lesen und schreiben können

«Buchstaben legen» und die darauf folgenden Anregungen sind Kontaktspiele, die das gemeinsame Handeln mit einem Spielpartner oder in einer Gruppe fördern. Der Kontakt kann über Materialien, eine gemeinsame Aufgabe oder einen direkten Kontakt zum Spielpartner hergestellt werden.

Beim «Buchstaben legen» wird der Kontakt über die gemeinsame Aufgabe geknüpft. Es geht darum, welche Buchstaben oder sogar Wörter mehrere Kinder im Sitzen oder Liegen darstellen können.

Drei Kindern dürfte es sicher keine großen Probleme bereiten, ein «I» zu bilden. Ein «A» darzustellen ist schon schwieriger. Dabei müssen entweder drei oder fünf Kinder mitmachen und sich absprechen.

Der Spielleiter gibt die Buchstaben je nach Alter und Können vor, und die Kinder beraten gemeinsam, eventuell mit Hilfe des Erwachsenen, wie und mit wie vielen Personen die Aufgabe umgesetzt werden kann.

Variante für Geübte:

Die Kinder verständigen sich ohne Worte über die Anzahl der Personen und die Form des Buchstabens.

Variante für Ältere / Großgruppen:

Es werden ganze Wörter dargestellt.

Seilfiguren

Ort: großer Raum
Anzahl / Alter: Spielleiter und mind. 4 Kinder im Grundschulalter
Material: für jedes Kind 1 Seil, Figurenkarten

Der Spielleiter bildet Zweiergruppen. Ein Kind jeder Mann-
schaft darf sich von einem Stapel mit Figurenkarten, die der
Spielleiter bereithält, eine verdeckte Karte nehmen.
Auf den Karten sind einfache Figuren, Formen, Buchstaben
oder Zahlen abgebildet. Außerdem bekommt jedes Kind vom
Spielleiter ein Seil.

Jede Zweiergruppe muss nun versuchen, nur mit Hilfe der Füße ihre beiden Seile so auf den Boden zu legen, dass sie der Figur auf ihrer Karte entsprechen.

Variante:

Ohne Vorgabe formen die Kinder Phantasie-Figuren. Dabei sprechen sie sich untereinander ab, und anschließend stellen sie ihre Figuren der ganzen Gruppe vor.

Zahlen gehen

Ort: großer Raum oder Wiese
Anzahl / Alter: Spielleiter und mind. 1 Kind im Grundschulalter

Der Spielleiter verbindet einem Kind die Augen und führt es so, dass die Strecke eine Zahl beschreibt. Dabei darf nicht gesprochen werden. Das Kind mit den verbundenen Augen soll die Zahl erraten.

Gelingt das, schickt der Spielleiter ein anderes Kind auf die Strecke oder tauscht mit dem erfolgreichen Rater die Rolle. Gelingt es nicht, darf das Kind die Zahl noch einmal gehen und bekommt, wenn nötig, vom Spielleiter oder den anderen Kindern kleine Hilfestellungen.

Reifenwanderung

Ort: großer Raum oder Wiese
Anzahl / Alter: mind. 5 Kinder im Grundschulalter
Material: Reifen

Die Kinder bilden einen Kreis und halten sich an den Händen. Am Arm eines Kindes hängt ein Gymnastik-Reifen. Der Reifen muss nun im Kreis weitergereicht werden, ohne die Handfassung zu lösen.

Die Maschine

Ort: großer Raum oder Wiese
Anzahl / Alter: Spielleiter und mehrere Kinder
im Vorschul- oder Grundschulalter

Wie können mehrere Kinder die Funktionen einer Maschine darstellen? Der Spielleiter stimmt die Kinder auf das Spiel ein, indem er fragt, ob sie sich ein Phantasie-Gebilde vorstellen können oder lieber eine richtige Maschine spielen möchten: Wie sehen die einzelnen Teile aus? Welche Bewegungen macht die Maschine? Gleichzeitig oder nacheinander? Und so weiter. Bei Jüngeren macht der Spielleiter vielleicht die eine oder andere Bewegung vor und hilft beim «Zusammenbau» der Maschine.

Variante für ältere Kinder:

Ein Kind beginnt mit einer bestimmten Bewegung. Es darf allerdings nicht verraten, welche Maschine es im Sinn hat. Ein zweites Kind schließt sich mit einer dazu passenden Bewegung an. Immer mehr Kinder machen mit. Im Anschluss tauschen sich die Kinder darüber aus, welche Maschine sie dargestellt und ob die gemeinsamen Bewegungen geklappt haben.

Nun bewegen sich alle Teile (Kinder) der Maschine. Mal langsamer, mal schneller. Kann die Maschine auch Geräusche machen? Bestimmt! Damit alles wie geschmiert läuft, gibt der Spielleiter einen Rhythmus vor, zum Beispiel von einer Dampflokomotive: «Die Lok zischt und pfeift, dann fährt sie langsam an, wird immer schneller, immer schneller, immer schneller. Bis zur nächsten Station, dann fährt sie langsamer und langsamer und – hält. Und lässt den Dampf ab. Zschsch.»

Anschließend wird über die Erfahrungen geredet: Passten die Bewegungen zu der Maschine, und waren die Bewegungen richtig koordiniert?

Die Schaufensterpuppe

Ort: kleiner Raum oder Wiese
Anzahl / Alter: Spielleiter und mind. 6 Kinder
im Grundschulalter (9–10 Jahre)

Wer möchte die «Schaufensterpuppe» spielen? Wer vertraut seinen Mitspielern so, dass er sich im Kreis nach allen Seiten fallen lässt und sicher sein kann, dass sie ihn halten werden? Diese Fragen stellt der Spielleiter, bevor das Spiel beginnt.

Ein Kind ist sicher so mutig und übernimmt die Rolle. Die Schaufensterpuppe steht ganz steif und angespannt in der Mitte des Kreises. Ihre Füße stehen eng beieinander. Ihre Beine sind durchgedrückt.

Die anderen Kinder bilden einen Kreis, und zwar so, dass alle die Schaufensterpuppe mit leicht angewinkelten Armen berühren können.

Dann gibt der Spielleiter der Schaufensterpuppe ein Zeichen. Sie weiß, wie sie darauf reagieren soll, und lässt sich nach vorne oder nach hinten, nach links oder nach rechts fallen. Ein Kind hält sie und bringt sie wieder in Bewegung. So, dass sie wieder das Gleichgewicht verliert und von einem anderen Kind aufgefangen werden kann. Auf diese Weise wird die Schaufensterpuppe von allen Kindern im Kreis hin und her bewegt.

Der Adler

Ort: kleiner Raum oder Wiese
Anzahl/Alter: Spielleiter und mind. 6 Kinder
im Grundschulalter (9–10 Jahre)

Die Spiele der Inuits (Eskimos) Nordamerikas sind meist Miteinander-Spiele ohne Wettspiel-Charakter. Zu diesen Spielen gehört auch «Der Adler».

Ein Kind legt sich mit ausgebreiteten Armen auf den Boden. Die anderen heben es sacht an und tragen es durch den Raum oder über die Wiese.

Der «Adler» muss den Trägern vertrauen. Sie übernehmen für ihn die Verantwortung, müssen sich gegenseitig abstimmen und engen Körperkontakt aufnehmen.
Wie lässt sich der Adler am besten tragen? Je mehr der Adler seinen Körper anspannt, desto leichter können die anderen Kinder ihn tragen. Nahe am Rumpf, am Schulter- oder Hüftgelenk, sind die günstigsten Ansatzpunkte zum Tragen.
Die Träger sollten vor allem darauf achten, dass es beim «Fliegen» und «Landen» ruhig und entspannt zugeht.

Die Kamera

Ort: großer Raum oder Wiese
Anzahl / Alter: Spielleiter und mind. 1 Kind im Grundschulalter

Der Spielleiter ist der «Fotograf» und führt ein Kind, die «Kamera», überall im Raum umher. Die Kamera hält die Augen geschlossen. Hin und wieder richtet der Fotograf seine Kamera auf etwas, das er fotografieren will, und drückt sacht auf den «Kamerakopf». Daraufhin öffnet die Kamera ihre Augen und «schießt ein Bild».

Irgendwann ist der «Film» voll, und die Kamera erzählt, was sie alles fotografiert hat. Sicher möchte die Kamera dann mit dem Spielleiter die Rolle tauschen. Vielleicht spielen ja auch noch weitere Kinder mit, die als Kameras fotografieren wollen. Dann ist der Spielleiter wieder der Fotograf.

Das «Kamera-Spiel» kann natürlich auch ohne Erwachsenen gespielt werden.

Knoten entwirren

Ort: großer Raum oder Wiese
Anzahl/Alter: mind. 5 Kinder im Grundschulalter

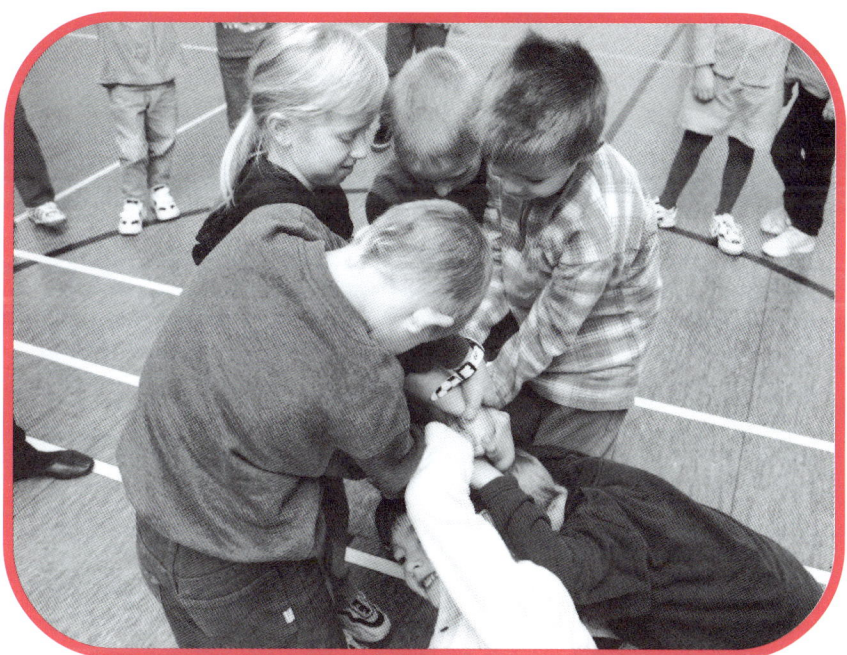

Der Spielleiter erklärt die Regeln: Die Kinder müssen sich miteinander verknoten und dann wieder entwirren. Und das ist gar nicht so einfach, weil sich bei der ganzen Aktion alle an den Händen halten müssen.

Zunächst wird ein Kreis gebildet. Dabei stehen die Kinder ganz dicht nebeneinander. Dann strecken sie ihre Arme in Richtung Kreismitte aus. So, dass die Hände übereinander und nebeneinander liegen. Jede Hand fasst eine andere.

Die Kinder versuchen nun, dieses Knäuel zu entwirren – steigen über Arme, drehen sich oder kriechen irgendwo durch. Sie müssen sich dabei immer an den Händen halten.

Orgelpfeifen

Ort: großer Raum oder Wiese
Anzahl / Alter: Spielleiter und mind. 8 Kinder
im Grundschulalter
Material: für jedes Kind 1 Tuch

Bei diesem Spiel müssen sich die Kinder auf ihr Tastgefühl verlassen, da ihnen die Augen verbunden werden. Gleichzeitig wird der körperliche Kontakt untereinander gefördert.

Der Spielleiter bildet zwei Gruppen. Jede sollte aus mind. vier Kindern bestehen. Dann müssen sich alle Kinder mit Tüchern die Augen verbinden. Der Erwachsene gibt ihnen dabei Hilfestellung. Dann kann das Spiel beginnen. Auf einen Zuruf des Spielleiters müssen sich die Kinder jeder Gruppe hintereinander der Größe nach aufstellen. Wie die «Orgelpfeifen».

Der Tausendfüßler

Ort: großer Raum oder Wiese
Anzahl / Alter: 3 – 33 Kinder im Grundschulalter

Wenn zwei Kinder eine Brücke bauen, das zweite dann mit den Händen die Fußgelenke des ersten umfasst, sich leicht darauf abstützt und die beiden sich so fortbewegen, erinnert das an einen Tausendfüßler, dem 994 Beine fehlen. Zunächst sollten die beiden ihren Gang so koordinieren, dass die Bewegungen fließend sind. Dann kann sich immer ein Kind nach dem andern anschließen. Jedes weitere Kind muss aber erst einmal genügend Zeit haben, seine Bewegungen den vorderen Kindern anzupassen. Sonst kommt der Tausendfüßler aus dem Tritt. Er muss aber nicht unbedingt tausend Füße haben. Welcher Tausendfüßler hat die schon? Die meisten gehen auf wesentlich weniger Füßen durch die Welt.

Zwei verliebte Klapperschlangen

Ort: großer Raum oder Wiese
Anzahl / Alter: Spielleiter und mind. 6 Kinder
im Vorschul- oder Grundschulalter
Material: 4 Löffel, Rasseln, Ratschen, Tröten, Trommeln, 2 Tücher

Der Spielleiter sucht zwei Kinder aus, die die beiden «verliebten Klapperschlangen» spielen sollen, verbindet ihnen die Augen mit Tüchern und gibt ihnen je zwei Löffel zum Klappern. Die beiden «verliebten Klapperschlangen» verteilen sich im Raum.

Auf ein Startzeichen hin versuchen die beiden Schlangen, sich zu finden. Mit Hilfe der klappernden Löffel dürfte das nicht schwierig sein. Aber da sind noch die anderen Kinder. Die tun alles, um das zu verhindern, denn sie sind mit allen möglichen Krachmachern ausgestattet und setzen sie lautstark ein. Kommen die beiden «verliebten Klapperschlangen» trotzdem zusammen?

Luftballontanz

Ort: großer Raum
Anzahl / Alter: Spielleiter und mind. 6 Kinder
im Kindergarten-, Vorschul- oder Grundschulalter
Material: viele Luftballons

Alle gemeinsam blasen die Luftballons auf, die – eventuell mit Hilfe des Erwachsenen – zugebunden werden.

Die Kinder liegen auf dem Rücken und strecken die Beine nach oben. Ihre Körper bilden einen Kreis. In der Mitte bewegen sie mit ihren Füßen Luftballons und lassen sie tanzen.

Die Luftballons dürfen den Boden nicht berühren. Drohen doch einige Ballons zu Boden zu fallen, brauchen die Kinder die Hilfe des Spielleiters, der die aus dem Kreis «herausgetanzten» Luftballons wieder in den Kreis befördert. So, dass sie nicht den Boden berühren und die Kinder sie wieder tanzen lassen können.

Was wandert da im Kreis herum?

Ort: großer Raum oder Wiese
Anzahl / Alter: Spielleiter und mind. 8 Kinder im Grundschulalter

Was bei diesem Spiel im Kreis herumwandert, kommt sicher so manchem Kind «spanisch» vor. Da reicht ihm sein linker Nachbar schweigend einen Phantasie-Gegenstand, den es genau so an seinen rechten Nachbarn weiter reichen muss. War das nun ein Ball oder ein Postpaket? War es eine Bananenschale oder ein heißer Suppentopf?

Der Spielleiter bringt das Spiel gegen den Uhrzeigersinn in Gang. Sein linker Nachbar darf nach einer Runde sagen, welchen Gegenstand er vermutet. Ganz egal, ob er den Gegenstand errät: Er darf sich einen neuen Gegenstand ausdenken und die nächste Spielrunde einleiten.

Energie übertragen

Ort: großer Raum oder Wiese
Anzahl/Alter: mind. 8 Kinder im Grundschulalter (8–10 Jahre)
Material: je Kind 1 Stuhl oder Sitzkissen

Die Kinder bilden einen Stuhlkreis. Sie halten die Augen geschlossen, fassen sich an den Händen und sind dabei völlig entspannt. Nun stellt sich jedes Kind vor, es atme beim Einatmen die Energie seines linken Nachbarn in seinen Körper ein und gebe sie durch das Ausatmen an seinen rechten Nachbarn weiter.

Nach dem Spiel tauschen sich die Kinder darüber aus, wie sie sich bei diesem Energiekreislauf gefühlt haben.

Türme bauen

Ort: kleiner oder großer Raum
Anzahl/Alter: Spielleiter und Kinder im Kindergarten-,
Vorschul- oder Grundschulalter
Material: Schreibmaschinenpapier (stärkere Ausführung),
Lego-Steine, Bauklötze, Tücher

Der Spielverlauf sagt viel über die Positionen des Einzelnen in der Gruppe und über die Fähigkeiten der Kinder aus, in der Gruppe zu kooperieren.

Der Spielleiter teilt die Kinder in Zweier-, Dreier- oder Vierergruppen ein. Jede Gruppe versucht nun mit Hilfsmitteln wie Schreibmaschinenpapier, Bauklötzen oder Lego-Steinen einen Turm zu bauen, ohne sich dabei mit Worten zu verständigen. Die Kinder haben dafür etwa fünfzehn Minuten Zeit.
Gemeinsam sollte der Spielleiter mit den Kindern nach der Aktion über das Ergebnis der Bauphase und die dabei gemachten Erfahrungen reden.

Variante für Kinder im Kindergartenalter:

Jede Gruppe baut aus zwanzig Lego-Steinen einen Turm.

Variante für Kinder im Vorschulalter:

Die Kinder der einzelnen Gruppen versuchen mit verbundenen Augen mit jeweils zehn bis zwanzig Bauklötzen einen Turm zu bauen.

Variante für Kinder im Grundschulalter:

Jede Gruppe versucht mit zehn Blättern Schreibmaschinenpapier einen Turm zu bauen.

4 Regelspiele zur Förderung der emotionalen Intelligenz

Regelspiele als Bausteine unseres EQ-Programms

Wie können Regelspiele zur Förderung der emotionalen Intelligenz der Kinder beitragen? Berechtigte Zweifel kommen wohl jedem, der als Spielleiter einmal auf einem Kindergeburtstag die «Reise nach Jerusalem» inszeniert hat. Er musste dann erleben, wie die Kinder mit Drängeln und Schubsen versuchten, einen freien Stuhl vor den anderen zu besetzen.

Das hat sicher nichts mit dem Erwerb sozialer Fähigkeiten zu tun und ist für schwächere, rücksichtsvolle und zurückhaltende Kinder ganz bestimmt kein freudiges Spielerlebnis.

Daraus folgt eine einleuchtende Konsequenz: Spiele wie die «Reise nach Jerusalem» eignen sich nicht, das Einfühlungsvermögen und die Rücksichtnahme der Kinder zu verbessern. Sie fördern Konkurrenzverhalten und Rivalität. Nun ist es sicher auch akzeptabel, wenn Kinder lernen, sich zu behaupten und auszuhalten, dass sie einmal verlieren. Nicht umsonst sind Spiele mit Gewinnern und Verlierern nach wie vor Renner auf dem Markt. Wenn wir aber wollen, dass unsere Kinder Kooperation und Teamfähigkeit lernen, dann sollten wir auch entsprechende Spiele anbieten.

Heißt das nun, die alten Spiele sollten nicht mehr gespielt werden? Das muss nicht sein, denn jede Spielstruktur lässt sich durch neue Regeln verändern. Warum sollten nicht bei der «Reise nach Jerusalem» mehrere Kinder auf einem Stuhl Platz finden? Sicher fallen Ihnen weitere neue Regeln für viele andere Spieleklassiker ein, wenn Sie die Bestandteile Konkurrenz oder Schadenfreude vermeiden wollen.

Wir haben uns bemüht, solche Regelspiele zusammenzustellen, die soziale Lernprozesse unterstützen. Außerdem sollen sie natürlich die Regelfähigkeit der Kinder fördern.

Voraussetzung für das Funktionieren eines Regelspiels ist, dass alle Kinder sich an die ausgehandelten oder vorgegebenen Vereinbarungen halten. Selbstkontrolle, Einschränkungen und Verhaltensorientierung an Übereinkünften sind bestimmende Elemente von Regelspielen, ohne die länger dauernde Kooperationen mit anderen nicht möglich sind.

Dazu gehören traditionelle Spiele wie «Katze und Maus», bei dem die Gruppe den «Fänger», so gut sie kann, behindert und dem Schwachen hilft, oder das Spiel «Ebbe und Flut», bei dem ein Kind dem anderen auf die «Insel» hilft.

Laufen, laufen

Spielort: großer Raum oder Wiese
Anzahl / Alter: mind. 2 Kinder im Vorschul- oder Grundschulalter;
für Jüngere: Spielleiter

Dieses Laufspiel ist einem alten Straßenspiel nachempfunden. Wir können uns heute gar nicht mehr vorstellen, dass sich die Kinder früher so frei auf den Straßen bewegen konnten.

Und wie laufen die Kinder? Nebeneinander! Zwei bis sechs Kinder fassen sich um die Taillen und gehen im Takt des folgenden Sprechtextes.
Sie sprechen dabei den folgenden Text im Rhythmus ihrer Schritte (die Betonungen sind *kursiv* gesetzt):

Lau-fen, *lau*-fen,
mein *Rad* musst *ich* ver-*kau*-fen.
Lau-fen, *lau*-fen,
was *konnt* ich *da*-für *kau*-fen?
Drei Paar *ro*-te *Schuh*
und *zwei* Paar *noch* da-*zu.*
Fünf Paar *ro*-te *Schuh.*

Lau-fen, *lau*-fen,
mein *Rad* musst *ich* ver-*kau*-fen.
Lau-fen, *lau*-fen,
was *konnt* ich *da*-für *kau*-fen?
Zwei Paar *ro*-te *Schuh*
und *drei* Paar *noch* da-*zu.*
Fünf Paar *ro*-te *Schuh.*

Lau-fen, *lau*-fen,
mein *Rad* musst *ich* ver-*kau*-fen.

Lau-fen, *lau*-fen,
was *konnt* ich *da*-für *kau*-fen?
Ein Paar *ro*-te *Schuh*
und *vier* Paar *noch* da-*zu*.
Fünf Paar *ro*-te *Schuh*.

Variante für Jüngere:

Die Kinder können in verschiedene Richtungen gehen und bilden maximal Dreiergruppen. Rhythmus und Sprechtext werden vom Spielleiter vorgegeben

Variante für Ältere:

Die Kinder bilden mindestens Dreiergruppen, gehen mit ausreichendem Abstand hintereinander und machen nach jeder Strophe eine Kehrtwende

Katze und Maus

Spielort: großer Raum oder Wiese
Anzahl / Alter: mind. 7 Kinder im Kindergarten-,
Vorschul- oder Grundschulalter

Ein Kind spielt die Katze, ein anderes die Maus. Alle anderen bilden einen Kreis. Die «Maus» hat sich im «Mauseloch», inmitten des Kreises, verkrochen, denn sie hat Angst vor der «Katze». Schafft es die Katze, die Maus zu fangen? Die Kinder, die den Kreis bilden, versuchen jedenfalls, die Katze daran zu hindern.

Einmal tun sie alles, damit die Katze gar nicht erst in den Kreis gelangt. Gelingt ihnen das nicht, können sie der Maus immer noch ein Schlupfloch schaffen, aus dem sie schnell hinausschlüpfen kann. Dann wird der Kreis schnell wieder dicht gemacht, damit die «Katze» nicht mehr aus dem Kreis kommt. Die Kinder, die den Kreis bilden, müssen sich aber bei all ihren Aktivitäten immer an den Händen fassen.

Das Spiel wird entweder nach einer vereinbarten Zeit beendet, oder es dauert so lange, bis die Katze die Maus erwischt. Katze und Maus dürfen dann zwei andere Kinder bestimmen, die ihre Rollen in der nächsten Spielrunde übernehmen.

Spielort: großer Raum oder Wiese
Anzahl / Alter: Spielleiter und mind. 5 Kinder
im Vorschul- oder Grundschulalter
Requisiten: Tuch, Holzlöffel

Der Erwachsene erzählt zunächst eine Geschichte, die das Spiel einführt: vom Koch, der draußen ein Feuer angezündet hat. Und als genügend Glut da war, einen großen, schon ganz verrußten Topf mit Wasser hineingestellt hat, um Kartoffeln zu kochen.

Dann werden die Regeln erklärt: Ein von den Kindern gebildeter Kreis ist der «verrußte Topf», die Kinder selbst sind die «ro-

hen Kartoffeln», und ein um den Kreis herumgehendes Kind ist der «Koch». Es lässt hinter dem Rücken eines Mitspielers ein Tuch fallen. Bemerkt der das nicht, muss er in die Mitte des Kreises gehen, er wandert also in den verrußten Topf. Wenn bis auf eine alle Kartoffeln kochen, prüft der Koch, ob sie schon gar sind. Das macht er mit einem Holzlöffel. Er berührt damit die aufgeblasenen Wangen der Kinder, die als Kartoffeln im verrußten Topf kochen. Es liegt in seinem Ermessen, ob er einige Kartoffeln aus dem verrußten Topf nimmt, um das Spiel fortzusetzen. Die «weich gekochten» Kartoffeln dürfen dann mit der übrig gebliebenen rohen Kartoffel wieder einen Kreis bilden.

Nach drei Spielrunden sollte aber auch der Koch seine Rolle mit einer Kartoffel tauschen.

Schlapp hat den Hut verloren

Spielort: großer Raum oder Wiese
Anzahl / Alter: mind. 7 Kinder im Vorschul-
oder Grundschulalter
Requisiten: für jedes Kind 1 Stuhl

Die Kinder sitzen im Stuhlkreis. Das jüngste Kind darf beginnen und ein anderes Kind ansprechen, zum Beispiel: «Schlapp hat den Hut verloren, Jens hat ihn.» Jens muss nun den «Hut» weitergeben. Er sucht sich vielleicht die Meike aus und sagt: «Schlapp hat den Hut verloren, Jens hat ihn nicht, Meike hat ihn.» Meike wendet sich vielleicht an Britta und sagt: «Schlapp hat den Hut verloren, Jens hat ihn nicht, Meike hat ihn nicht, Britta hat ihn.» So geht der «Hut» hin und her. Vergisst ein Kind einen Namen, so muss es das Spiel wieder in Gang bringen.

Wenn der Stein zum Hamburger wird

Spielort: großer Raum oder Wiese
Anzahl / Alter: Spielleiter und mind. 8 Kinder
im Grundschulalter (8–10 Jahre)
Requisiten: Kieselsteine, Tischtennisbälle

Alle Kinder bilden einen Kreis. Der Spielleiter gibt einen Kieselstein an seinen rechten Nachbarn weiter. Bevor der ihn annimmt, fragt er: «Was ist das?» Der Spielleiter sagt: «Ein Hamburger.» Darauf antwortet dieser: «Aha, ein Hamburger! Danke!» Er nimmt den Kieselstein und reicht ihn an seinen rechten Nachbarn weiter. Der fragt auch wieder: «Was ist das?» Das geht so lange, bis der Kieselstein wieder beim Spielleiter angekommen ist.

Er bringt das Spiel wieder in Gang. Diesmal reicht er aber nicht nur den Kieselstein nach rechts, sondern auch noch einen Tischtennisball nach links weiter. Der soll eine Apfelsine sein.

Lustig wird's, wenn sich die beiden Gegenstände begegnen. Auch der Spielleiter muss gut aufpassen, dass er richtig reagiert, wenn Hamburger und Apfelsine wieder bei ihm eintreffen.

Damit das Spiel nicht seinen Reiz verliert, sollte jeder mal Spielleiter sein und die Gegenstände und deren Phantasienamen wechseln.

Der verschlafene Wächter

Spielort: großer Raum oder Wiese
Anzahl/Alter: Spielleiter und mind. 8 Kinder
im Vorschul- oder Grundschulalter
Requisiten: Schlüsselbund

Die Kinder bilden einen Kreis. Dann wird eins ausgewählt und setzt sich in die Kreismitte. Es ist «der verschlafene Wächter». Er bewacht die Falltür zu einem geheimen, unterirdischen Gang. Aber weil er schon so lange Wache halten muss, wird er langsam müde. Sein Gesicht bedeckt er mit den Händen und schläft ein. Neben ihm liegt der Schlüsselbund auf dem Boden. Der Spielleiter bestimmt ein Kind, das die Schlüssel stibitzen soll. Es schleicht sich leise an, nimmt den Schlüsselbund und setzt sich wieder zu den anderen Kindern in den Kreis.

Dann rufen alle Kinder: «Wächter, wach auf! Dein Schlüsselbund ist weg.»

Der Wächter wacht auf und versucht, den «Dieb» zu finden. Das ist gar nicht so einfach, denn alle Kinder halten die Hände hinter ihrem Rücken verschränkt. In einer Hand ist der Schlüsselbund versteckt.

Vielleicht hat ja der Wächter gehört, aus welcher Richtung der Dieb sich angeschlichen hat. Hat er einen Verdacht, sucht er sich ein Kind aus und fordert es auf, die Schlüssel herauszurücken. Das muss der Ertappte dann auch tun. Er darf in der nächsten Runde den schläfrigen Wächter spielen.

Wenn der Wächter überhaupt nicht darauf kommt, wer ihm den Schlüsselbund gestohlen haben könnte, darf ihm die Gruppe mit «heiß» und «kalt» weiterhelfen. Oder der Dieb selbst gibt ihm eine Hilfestellung, indem er mit den Schlüsseln leise klappert.

Fuchs und Gänse

Spielort: großer Raum oder Wiese
Anzahl / Alter: Spielleiter und mind. 6 Kinder
im Vorschul- oder Grundschulalter

Ein Kind wird «Fuchs», die anderen sind «Gänse». Der Spielleiter weist darauf hin, dass Gänse einen anderen Gang als Menschen haben: Die Kinder müssen in die Knie gehen und watscheln, vielleicht haben sie auch Lust, zu schnattern und zu zischen – eben wie richtige Gänse. Das ist gar nicht so einfach, wie wir auf dem Foto sehen: Die Schlange versucht erst einmal, die richtige Gangart zu finden. Der Fuchs läuft natürlich auf allen vieren.

«Gemeinsam kann uns nichts passieren», denken die Gänse und bewegen sich als «Watschelpolonaise» vorwärts. Der Fuchs schleicht sich an und will die letzte Gans fangen, indem er sie abschlägt. Die anderen Gänse versuchen das zu verhindern. Sie müssen schnell sein, und die Polonaise darf nicht auseinander brechen.

Irgendwann wird aber wohl auch der langsamste Fuchs die letzte Gans erwischen. Sie muss die Polonaise verlassen und darf sich am Spielfeldrand so hinstellen, dass ihr Körper eine Brücke bildet.

Der Fuchs muss nun wieder die letzte Gans fangen. Schafft er das, darf er sie ebenfalls zum Spielfeldrand führen. Auch sie bildet eine «Brücke».

Der Fuchs macht nun weiter Jagd auf die letzte Gans der Polonaise, muss aber gleichzeitig aufpassen, dass keine der gefangenen Gänse erlöst wird. Das gelingt, wenn sich die Gans von der Spitze der Polonaise löst und durch die «Brücken» kriecht. Erwischt sie der «Fuchs» vorher, muss sie sich auch am Spielfeldrand als Brücke aufstellen. Ist sie bereits unter der Brücke, darf er sie ebenso wenig abschlagen wie nach gelungener Befreiungsaktion die beiden oder beliebig viele weitere Gänse. Erlöst sie eine der gefangenen Gänse, dürfen sie und die erlöste Gans in die Polonaise zurück.

Das Spiel ist zu Ende, wenn der Fuchs alle Gänse gefangen hat. Dauert das zu lange, hat der Fuchs auch nach jeder «Erlösung» die Möglichkeit, mit einem «Erlöser» die Rolle zu tauschen und sich als Gans in die Polonaise einzureihen.

Fischer, Fischer, wie tief ist das Wasser?

Spielort: großer Raum oder Wiese
Anzahl / Alter: mind. 6 Kinder im Kindergarten-,
Vorschul- oder Grundschulalter
Material: Kreide oder Gegenstände zum Markieren

Dieses Fangspiel wurde früher häufig auf Straßen, Plätzen und Schulhöfen gespielt. Vor allem die Älteren unter uns erinnern sich noch gern daran.

Das Spielfeld sollte mindestens zehn Meter lang und fünf Meter breit sein. Es wird von den Teilnehmern grob abgesteckt oder markiert. Wer spielt den «Fischer»? Mit einem Abzählvers wird er ausgezählt. Der Fischer stellt sich auf die Begrenzungslinie an der Stirnseite des Spielfeldes. Auf der Begrenzungslinie der anderen Seite steht die Kindergruppe und ruft: «Fischer, Fischer, wie tief ist das Wasser?» Der Fischer muss nun eine beliebige Zahl nennen. Er kann zum Beispiel antworten: «Hundert Meter tief!» Dann ruft wieder die Gruppe: «Und wie kommen wir hinüber?» Der Fischer darf sich nun eine außergewöhnliche Fortbewegungsart ausdenken. Er kann zum Beispiel vorschlagen: «Ihr müsst auf einem Bein hüpfen», oder: «Alle rückwärts laufen.» So sollen dann die Kinder das Spielfeld überqueren. Der Fischer versucht aber, möglichst viele Kinder daran zu hindern, indem er sie abschlägt. Wer vom Fischer abgeschlagen worden ist, muss ihm in der nächsten Runde als Fänger helfen.
So geht das Spiel hin und her. Immer mehr Fänger jagen immer weniger Kinder. So lange, bis alle abgeschlagen sind. Dann muss für die nächste Spielrunde ein neuer Fischer ausgezählt werden. Oder es wird bestimmt, dass das zuletzt übrig gebliebene Kind beim neuen Spiel der Fischer sein darf.

 Heringe fangen

Spielort: großer Raum oder Wiese
Anzahl / Alter: mind. 10 Kinder im Kindergarten-,
Vorschul- oder Grundschulalter

Zwei «Fischer» gehen auf «Heringsfang». Mit einem Abzählvers werden zwei Kinder als Fischer ausgezählt. Sie laufen nebeneinander, halten sich an der linken und der rechten Hand
und versuchen, die anderen zu fangen. Jeder gefangene Hering
wird zum Fischer. So jagen immer mehr Fischer immer weniger
Heringe.

Das Spiel ist zu Ende, wenn nur noch zwei oder drei Heringe
frei umherschwimmen. Dann verwandeln sie sich in «Fischer»
und dürfen in der nächsten Runde auf Heringsfang gehen.

Vampire

Spielort: Abgedunkelter Raum
Anzahl / Alter: mind. 7 Kinder im Vorschul- oder Grundschulalter

Der «Vampir» wird mit einem Abzählvers bestimmt. Er muss die anderen Kinder jagen und versuchen, ihre Schultern zu berühren. So «saugt» er ihr «Blut», und sie verwandeln sich auch in Vampire.

Die Vampire haben nun die Möglichkeit, gemeinsam die anderen zu jagen oder sich wieder in Menschen zu verwandeln. Das ist ihnen aus eigener Kraft mit Hilfe eines zweiten «Untoten» möglich, denn wenn ein Vampir einen anderen Vampir an der Schulter berührt, so sind beide erlöst.

Der Riese und die Zwerge

Spielort: großer Raum oder Wiese
Anzahl / Alter: mind. 6 Kinder im Vorschul- oder Grundschulalter

Wer spielt den «Riesen»? Die Kinder zählen ihn mit einem Ab-zählvers aus. Alle anderen Kinder sind «Zwerge». Sie dürfen den schwächsten Zwerg bestimmen. Schwächster Zwerg kann ein beliebiges Kind sein. Es darf auch ein großer, kräftiger Junge diese Rolle spielen.

Der Riese muss nun versuchen, diesen Zwerg zu fangen. Die an-deren Zwerge versuchen, das zu verhindern, indem sie sich schützend um ihren schwächsten Kameraden versammeln. Wenn der Riese den Zwerg berührt hat, ist das Spiel aus.

Instrumente wecken

Spielort: großer Raum oder Wiese
Anzahl / Alter: Spielleiter und Kinder
im Vorschul- oder Grundschulalter
Requisiten: Orffsche Instrumente oder
selbst gebaute Klappern, Trommeln und Rasseln

Jedes Kind trägt ein «schlafendes Instrument» durch den Raum. Der Spielleiter kann nun durch Berührung die Instrumente wecken. Das kann eins oder können auch mehrere sein. Die Kinder, deren Instrumente geweckt wurden, beginnen zu musizieren. Sie einigen sich auf einen bestimmten Rhythmus, zu dem sie sich auch bewegen.

Der Spielleiter kann die Instrumente durch Berührung auch wieder verstummen lassen. Einzelne oder auch alle.

Regelspiele

Schneeflocken tanzen

Spielort: Großer Raum
Anzahl / Alter: Spielleiter und mind. 7 Kinder
im Vorschul- oder Grundschulalter
Requisiten: Holzstäbe (Eiszapfen), Kassettenrecorder oder CD-Player,
Tonträger mit ruhiger Musik

Die Kinder schweben zum Rhythmus ruhiger Musik als «Schneeflocken» durch den Raum.

Irgendwann unterbricht der Spielleiter das Musikstück und ruft: «Die Schneekönigin kommt!» Sofort erstarren die Schneeflocken und dürfen sich etwa zwanzig Sekunden nicht bewegen. Der Spielleiter schlüpft in die Rolle der «Schneekönigin», überprüft, ob die Kinder auch regungslos stehen, und verteilt an jeden, der vorzeitig zappelt oder wackelt, einen «Eiszapfen» (Holzstab).

Dann bringt er das Spiel mit Musik wieder in Gang. Er ruft: «Der Wind kommt!»

Magnetische Körperteile

Spielort: großer Raum oder Wiese
Anzahl / Alter: Spielleiter und mind. 6 Kinder
im Vorschul- oder Grundschulalter
Requisiten: Kassettenrecorder oder CD-Player, MC oder CD
mit Instrumental-Musik

Der Spielleiter startet den CD-Player oder den Kassettenrecorder und spielt ein Musikstück mit einem mittleren Tempo. Die Kinder bewegen sich zum Rhythmus der Musik durch den Raum. Irgendwann stoppt der Spielleiter die Musik und nennt einen Körperteil, der «magnetisch» sein soll. Das können das rechte Knie, die Nase, der linke Fuß oder der Bauch sein.

Jetzt müssen sich Paare finden und an den genannten Körperteilen berühren. Sie dürfen sich erst wieder trennen, wenn der Spielleiter die Musik wieder startet.

Immer wieder stoppt er die Musik und lässt sich andere «magnetische» Körperteile einfallen. Und nach jedem Musikstopp müssen sich auch neue Paare bilden.

Abklatschen

Spielort: großer Raum oder Wiese
Anzahl / Alter: Spielleiter und mind. 6 Kinder im Grundschulalter
Requisiten: Kassettenrecorder oder CD-Player und Tonträger
mit beliebiger Musik (mittelschneller bis schneller Rhythmus)

Die Kinder bewegen sich im Rhythmus der Musik durch die Halle oder über die Wiese. Gelegentlich stoppt der Spielleiter die Musik. Das ist das Signal für die Kinder, sich so schnell wie möglich eine Partnerin oder einen Partner zu suchen.

Haben sich zwei Kinder gefunden, klatschen sie ihre Handinnenflächen achtmal gegeneinander.

Dann startet der Spielleiter wieder die Musik. Er kann sich natürlich auch andere Musikstopp-Aufgaben ausdenken. Hier sind noch weitere Vorschläge:

– Die Paare schlagen sich im Wechsel mit den Handinnenflächen auf die Oberschenkelvorderseiten und den Po,
– die Paare reichen sich über Kreuz rechts und links die Hände,
– die Paare fassen sich abwechselnd ans rechte und linke Ohrläppchen,
– die Paare klatschen sich gegenseitig im Wechsel von oben nach unten die Hände ab.

Stabhüpfen

Spielort: großer Raum oder Wiese
Anzahl / Alter: Spielleiter und mind. 4 Kinder im Grundschulalter
Requisiten: Stäbe

Dieses Spiel braucht ein gehöriges Maß an Koordination und Achtsamkeit auf die Bewegungen des Partners.

«Stabhüpfen» ist ein Spiel für Zweiergruppen. Welches Paar schafft es, nur mit den rechten Füßen einen Stab zu balancieren und ihn hüpfend möglichst weit zu tragen?
Da das nicht so einfach ist, darf zunächst geübt werden. Der Spielleiter weist darauf hin, dass die Bewegungen der beiden Kinder möglichst synchron erfolgen sollten, um den Stab halten zu können.
Beide Kinder fassen sich an den Händen oder berühren sich an den Schultern, um die Bewegungen des Partners besser zu spüren. Sie heben jeweils das rechte (oder linke) Bein, der Spielleiter legt den Stab auf die Füße und platziert ihn auch wieder, wenn er unterwegs herunterfällt. Wichtig ist auch, dass der Weg gemeinsam begonnen wird, also gibt sinnvollerweise ein Kind das Zeichen «Los!»

Variante für Ältere:
1. Die Paare legen den Stab selbst auf ihre Füße.
2. Auf einer gekennzeichneten Strecke findet ein Wettkampf statt. Fällt der Stab unterwegs herunter, gibt es einen Punkt Abzug. Nicht das erste Paar gewinnt, sondern die Zweiergruppe mit den wenigsten Minuspunkten.

Bücherslalom

Spielort: großer Raum oder Wiese
Anzahl / Alter: Spielleiter
und mind. 4 Kinder im Grundschulalter
Requisiten: Bücher

Der Spielleiter legt im Raum mit verschiedenen Büchern zwei Slalom-Strecken. Die sollen hin- und zurückgelaufen werden. Zwei Zweiergruppen treten gegeneinander an. Die Rollenverteilung in den beiden Gruppen ist so: Ein Kind balanciert, ohne die Hände zu Hilfe zu nehmen, ein Buch auf seinem Kopf. Der Partner passt auf, dass das Buch nicht herunterfällt. Er korrigiert die Lage des Buches, darf es aber nicht festhalten. Nur wenn das Buch auf den Boden fällt, darf er es aufheben und seinem Partner wieder auf den Kopf legen.

So versuchen beide Gruppen, möglichst schnell ihren Bücherslalom zu schaffen.

Variante:

Staffeln treten gegeneinander an. Jede Mannschaft sollte dann mindestens sechs Kinder auf die Strecke schicken.

Zwei, drei, vier oder fünf

Spielort: großer Raum oder Wiese
Anzahl / Alter: Spielleiter und mind. 10 Kinder
im Vorschul- oder Grundschulalter
Requisiten: Kassettenrecorder oder CD-Player, MC
oder CD mit Instrumentalmusik

Die Kinder bewegen sich zur Musik. Der Spielleiter unterbricht das Instrumentalstück irgendwann und ruft eine Zahl von zwei bis fünf. So viele Mannschaften müssen sich bilden. Bei zehn Kindern können das zwei Gruppen mit jeweils fünf Spielern, drei Gruppen mit zwei mal drei und einmal vier Spielern, vier Gruppen mit zwei mal zwei und zwei mal drei Spielern oder fünf Gruppen mit jeweils zwei Spielern sein.

Wenn sich die Gruppen gefunden haben, nennt der Spielleiter ihnen eine Aufgabe, die sie erfüllen sollen (als Tausendfüßler gehen – s. S. 89 – oder mit den Körpern einen Stern formen). Jede Gruppe wird die gestellte Aufgabe auf ihre Art lösen. Es ist nicht so wichtig, wer die Aufgabe am besten löst. Es gibt keinen Sieger.

Zeitungsstaffel

Spielort: großer Raum oder Wiese
Anzahl / Alter: Spielleiter und mind. 6 Kinder
im Vorschul- oder Grundschulalter
Requisiten: Zeitungen

Auch dieses Spiel funktioniert nur, wenn die Partner genau aufeinander achten.

Zwei Kinder transportieren eine Zeitung eine bestimmte Strecke, ohne sie mit den Händen zu berühren. Da sind der Phantasie keine Grenzen gesetzt: Nase an Nase, Stirn an Stirn, Po an Po ...

Variante für Jüngere:

Die Kinder bekommen die Zeitung gereicht.

Variante für Ältere:

Die Paare müssen die Zeitungen selbst vom Boden (ohne Hände!) aufheben.

Weitere Varianten:

1. Dieses besondere Zeitungsaustragen kann auch als Wettkampfspiel mit anderen Zweier-Mannschaften oder mit mehreren Staffeln gespielt werden. Wenn die Zeitung herunterfällt, muss das Paar von vorn anfangen.
2. Wer die meisten unterschiedlichen Transportarten zeigt, hat gewonnen.
3. Jeder Durchgang wird in einer vorgeschriebenen, wechselnden Form absolviert.

Ebbe und Flut

Spielort: großer Raum oder Wiese
Anzahl / Alter: Spielleiter und mind. 8 Kinder im Grundschulalter
Requisiten: Zeitungen oder Teppichfliesen, Kassettenrecorder
oder CD-Player, MC oder CD mit passender Musik
(zum Beispiel 3. Teil «La Mer», Claude Debussy)

War schon jemand mit Freunden oder der Familie an der Nordsee und hat eine Wattwanderung gemacht? Dann kann er bestimmt auch berichten, was es mit Ebbe und Flut auf sich hat. Ansonsten übernimmt der Spielleiter die Information.

Ziel des Spiels ist es im Übrigen nicht, als Erster das «rettende Ufer» zu erreichen, sondern sich untereinander in der Gruppe zu helfen.

Aus jeweils vier Kindern werden zwei bis fünf Gruppen gebildet. Dann lässt der Spielleiter ein Musikstück erklingen. Die Kinder bewegen sich dazu durch das «Wattenmeer». Immer wenn der Spielleiter die Musik unterbricht und «Die Flut kommt» ruft, muss sich jede Mannschaft auf eine «Insel» retten. Für die einzelnen Mannschaften sind im Raum Inseln in Form von Zeitungen oder Teppichfliesen ausgelegt.

Ein Kind hilft dem anderen auf die Insel. Wie viele Kinder passen auf eine Insel?

Der Spielleiter sollte die Musik so lange anhalten, bis alle Mannschaften ihre Inseln besetzt haben. Dann kann er «Es ist Ebbe» rufen und das Musikstück fortsetzen. Die Kinder verlassen ihre Inseln und laufen wieder durch das Wattenmeer.

Lach mal

Spielort: großer Raum oder Wiese
Anzahl / Alter: mind. 12 Kinder im
Vorschul- oder Grundschulalter

Zwei Gruppen bilden eine Gasse. Sie stehen sich paarweise gegenüber und halten so viel Abstand, dass abwechselnd Kinder der einen und der anderen Gruppe hindurchlaufen können.

Jede Gruppe versucht, den jeweiligen Läufer der anderen Gruppe mit allen möglichen Tricks zum Lachen zu bringen. Er darf nur nicht berührt werden.

Schafft der Läufer es, ernst zu bleiben, kann er sich nach dem Durchlauf wieder zu den Kindern seiner Gruppe stellen. Lacht er, muss er sich der gegnerischen Gruppe anschließen.

Schwimmende Bierdeckel

Spielort: großer Raum
Anzahl / Alter: Spielleiter und mind. 8 Kinder im Grundschulalter
Requisiten: Bierdeckel, Seile

Vom Spielleiter werden zwei «Chefs» bestimmt. Dann ordnen sich alle anderen Kinder der Reihe nach einer der beiden Gruppen zu. Sie müssen aber beachten, dass eine Überzahl der einen Gruppe immer wieder ausgeglichen werden muss. Mindestens vier Kinder sollten in jeder Gruppe mitspielen.

Der Spielleiter markiert mit Seilen einen Fluss und für jede Mannschaft eine Strecke mit «schwimmenden Bierdeckeln». Er steht auf der einen Seite, die beiden Gruppen im Abstand von etwa vier Metern nebeneinander auf der anderen Seite des Flusses.

Die vier Kinder einer Gruppe stehen hintereinander.

Die beiden Gruppen sollen nun möglichst schnell den Fluss überqueren. Sie dürfen dabei aber nur auf die «schwimmenden Bierdeckel» treten. Wer patzt, muss wieder zurück.

Jede Gruppe schickt auf ein Zeichen des Spielleiters ein Kind ins Rennen. Erst wenn es die andere Flussseite erreicht hat, darf das nächste starten.

Schranke

Spielort: großer Raum oder Wiese
Anzahl / Alter: mind. 18 Kinder
im Grundschulalter

Je mehr Kinder sich daran beteiligen, umso spannender ist dieses Fangspiel. Die Kinder stellen sich so auf, dass genau so viele Spieler nebeneinander wie hintereinander stehen. Sie bilden also ein großes Quadrat. Die nebeneinander stehenden Spieler reichen sich mit ausgestreckten Armen die Hände und bilden eine Schranke.

Der Läufer und der Fänger rennen zwischen den Schranken von Gasse zu Gasse. Da die anderen Spieler die Partei des Läufers nehmen, versuchen sie ihn zu unterstützen. Gerät er in eine kritische Situation, lassen die Spieler auf das Zeichen ihres Anführers die Hände los, machen eine Kehrtwendung nach links und reichen sich wieder die Hände. Dadurch entstehen neue Schranken, und es ergibt sich eine ganz neue Lage: Der Fänger, der vorher den Läufer fast eingeholt hatte, wird jetzt unter Umständen durch zwei Gassen von ihm getrennt. Kommt er ihm wieder zu nahe, erfolgt ein erneutes «Linksum», bis der Fänger doch mal flinker ist als die anderen Spieler und den Läufer erwischt. Dann werden ein neuer Fänger und ein neuer Läufer bestimmt.

Zelt bauen

Spielort: großer Raum oder Wiese
Anzahl / Alter: Spielleiter und mind. 6 Kinder im
Vorschul- oder Grundschulalter
Requisiten: Schwungtuch

Mit dem Schwungtuch sind vielfältige Bewegungsformen möglich. Seitdem es die «New Games» – Kooperationsspiele, die möglichst ohne Konkurrenz verlaufen – gibt, gehören sie zum Fundus vieler Jugendgruppen. Schwungtücher können Sie auch selbst bestellen (Adresse s. Anhang S. 156).

Die Kinder stehen um das Tuch herum und fassen es mit beiden Händen. Der Spielleiter zählt «1, 2, 3». Bei «3» lassen die Kinder das Tuch hochschwingen, laufen zwei Schritte nach vorn, ziehen es über ihren Rücken und setzen sich auf den Rand. So entsteht ein Zelt. Alle Kinder sitzen im Zelt. Vielleicht haben sie Lust, ein Lied zu singen.

Im Kreis laufen

Spielort: großer Raum oder Wiese
Anzahl / Alter: Spielleiter und mind. 6 Kinder
im Vorschul- oder Grundschulalter
Requisiten: Schwungtuch

Alle Kinder stehen um das Tuch herum und halten es mit der rechten Hand fest. Ruft der Spielleiter «Rechts herum», laufen sie im Uhrzeigersinn im Kreis herum und drehen so das Tuch. Auf ein Stoppsignal des Spielleiters halten die Kinder an. Ruft er «Links herum», fassen die Kinder das Tuch mit der linken Hand und laufen in die andere Richtung.

Kuppel bauen

Spielort: großer Raum oder Wiese
Anzahl / Alter: Spielleiter und mind. 6 Kinder
im Vorschul- oder Grundschulalter
Requisiten: Schwungtuch

Auch bei diesem Spiel lassen die Kinder auf ein Startzeichen des Spielleiters das Tuch hochschwingen. Das Tuch bläht sich auf. In diesem Moment laufen die Kinder einen oder zwei Schritte nach innen. So entsteht eine herrliche Kuppel.

Unter der Kuppel können sich zum Beispiel Kinder mit bestimmten Merkmalen tummeln. Kinder, die blond, bezopft oder berockt sind oder Zahnlücken haben. Aber nicht alle auf einmal. Nur Kinder mit den Merkmalen, die der Spielleiter ansagt. Einige müssen ja noch das Tuch als Kuppel halten ...

Fang die Maus

Spielort: großer Raum oder Wiese
Anzahl / Alter: Spielleiter und mind. 6 Kinder
im Vorschul- oder Grundschulalter
Requisiten: Schwungtuch

Dieses Spiel übt Einfühlsamkeit und Rücksichtnahme – obwohl es um Jäger und Gejagte geht. Der Spielleiter sollte bei der Auswahl der ersten «Katze» darauf achten, dass dieses Kind nicht zu wild ist. Er weist noch einmal darauf hin, dass die Katze auf Samtpfoten auf Jagd geht und die «Maus» nicht verletzen, sondern nur finden soll.

Das Schwungtuch liegt ausgebreitet auf dem Boden. Um das Tuch herum hocken die Kinder und fassen es mit beiden Händen. Der Spielleiter bestimmt eine «Maus», die unter das Tuch krabbelt. Außerdem sucht er eine «Katze» aus, die auf der Lauer liegen soll, aber noch nicht das Tuch betreten darf.

Dann gibt der Spielleiter das Startsignal. Die Kinder bringen das Tuch in Schwingung, rütteln und schütteln es, denn sie wollen die Maus vor der Katze schützen. Die Katze muss nun über das Tuch kriechen und versuchen, die Maus, die sich unter dem schwingenden Tuch versteckt hält, zu ertasten und festzuhalten. Schafft sie es, kann der Spielleiter die Rollen tauschen oder zwei andere Kinder als Katze und Maus auswählen. Sollte die Katze aber Schwierigkeiten beim Mäusefangen haben, können die anderen Kinder Hinweise auf das Versteck der Maus geben oder das Schwungtuch ruhig halten.

Wichtig ist, dass die Katze keine Schuhe trägt und geschmeidig und behutsam über das Tuch schleicht, um die Maus bei einem möglichen Zusammenprall nicht zu verletzen.

Farbentausch

Spielort: großer Raum oder Wiese
Anzahl / Alter: Spielleiter und mind. 6 Kinder
im Vorschul- oder Grundschulalter
Requisiten: Schwungtuch

Die Kinder halten das Schwungtuch mit beiden Händen, und zwar so, dass sie ein Farbfeld fassen. Der Spielleiter zählt: «1, 2, 3!» Bei «3» sollen die Kinder zwei Schritte in die Mitte gehen und das Tuch mit gestreckten Armen nach oben schwingen. Das Schwungtuch formt sich zur Kuppel. In diesem Moment ruft der Spielleiter den Kindern eine Farbe zu. Die Kinder, die das entsprechende Farbfeld in den Händen halten, müssen nun loslassen und ihre Plätze tauschen.

Beim nächsten Hochschwingen des Schirms ruft der Spielleiter eine andere Farbe auf.

Der Plumpsack geht um

Spielort: großer Raum oder Wiese
Anzahl / Alter: Spielleiter und mind. 6 Kinder
im Vorschul- oder Grundschulalter
Requisiten: Schwungtuch, Taschentuch

Ein «klassisches» Spiel, das mit dem Schwungtuch neuen Schwung bekommt.
Die Kinder halten das gespannte Tuch mit beiden Händen fest. Der Spielleiter wählt ein Kind als Plumpsack aus. Der Plumpsack geht immer in eine Richtung um die Kinder, die das Schwungtuch halten, herum. Er hält ein verknotetes Taschentuch in der Hand. Dabei sagt oder singt er folgenden Text:

«Dreht euch nicht um,
der Plumpsack geht um.
Wer sich umdreht oder lacht,
dem wird der Buckel blau
gemacht!»

Die anderen Kinder bewegen das Tuch und lassen es leicht schwingen. Irgendwann lässt der Plumpsack sein Taschentuch hinter einem Kind heimlich auf den Boden fallen und versucht, das Schwungtuch noch einmal zu umrunden.

Wenn in der Zwischenzeit das Kind das Taschentuch hinter seinem Rücken nicht entdeckt, muss es mit dem Plumpsack die Rolle tauschen. Entdeckt es aber das Taschentuch, muss es den Plumpsack verfolgen und abschlagen.

Der Plumpsack wird versuchen, zu entkommen und den frei gewordenen Platz im Kreis einzunehmen.

Dann ist das Kind mit dem Taschentuch der neue Plumpsack. Schafft es das Kind mit dem Taschentuch aber, den Plumpsack zu fangen, muss er mit dem Taschentuch noch einmal sein Glück versuchen.

Stürmisches Meer

Spielort: großer Raum oder Wiese
Anzahl / Alter: Spielleiter und mind. 6 Kinder
im Vorschul- oder Grundschulalter
Requisiten: Schwungtuch, Bälle, Luftballons,
aufblasbare Delphine

Die Kinder halten das Tuch mit beiden Händen und lassen es schwingen.

«Wind» und «Wellen» entstehen. Einzelne Kinder können nun durch die «Wellen» laufen, in sie hineinspringen oder sich von ihnen tragen lassen.

Der Spielleiter kann aber auch Bälle, Luftballons oder aufblasbare Delphine ins «Wasser» werfen. Die Kinder lassen sie dann auf den «Wellen» tanzen.

5 Gesellschaftliche Aspekte der emotionalen Intelligenz

Es gibt zahlreiche empirische Untersuchungen von Psychologen, Psychoanalytikern und Verhaltensforschern (Fromm, Dicks, Winnicott, und andere), in denen nachgewiesen wird, dass sich ein hoher Prozentsatz der untersuchten männlichen Gruppen (zwischen 16 und 50 Prozent) autoritär, ausbeuterisch und destruktiv darstellte.

Mit unserer Begrifflichkeit könnte man sagen: Diese Menschen zeigten eine unterentwickelte emotionale Intelligenz. Sie hatten Feindbilder, paranoide Ängste, fühlten sich von gesellschaftlichen Veränderungen persönlich bedroht und zeigten häufig die Bereitschaft zu blindem Gehorsam.

Diese Studien lassen auch Rückschlüsse darauf zu, wie die Untersuchten erzogen wurden: Sie erlebten offensichtlich in ihrer Kindheit Unterdrückung und Ablehnung, weil sie anscheinend nicht immer den Erwartungen der Eltern entsprochen hatten. Die Eltern ihrerseits meinten in gutem Glauben zu handeln und wollten natürlich nur das Beste für ihre Kinder.

Da stellt sich die Frage: Warum sind viele Eltern nicht in der Lage, ihre Kinder liebevoll zu erziehen, deren eigene Persönlichkeit zu achten, partnerschaftlich mit ihnen umzugehen, ihnen eine grundlegende emotionale Sicherheit zu vermitteln?

Eine heute oft vorgebrachte Argumentation weist die Schuld dafür der modernen Industrie- und Leistungsgesellschaft und ihrer Tendenz zu immer mehr auseinander strebenden Einzelinteressen zu. Dazu würde dann auch die ständige Reizüberflutung beitragen. Wir können ihr im Alltag kaum entrinnen: Jeder versucht, seine Waren lauter als der andere anzubieten, im Kaufhaus und im Hauptbahnhof hören wir «Funktionale Musik», die uns kaufbereit oder friedlich stimmen soll, die verschiedenen, heute zur Ausstattung der meisten Haushalte gehörenden Medien versorgen uns mit einer riesigen Menge an Unterhaltung und Informationen, mit dem Handy sind wir jederzeit erreichbar, und wer das nicht mitmacht, ist «out».

Wäre demnach eine bei weiten Teilen der Bevölkerung unterentwickelte emotionale Intelligenz der Preis des Fortschritts? Diese Frage ist bisher nicht ausreichend erforscht und lässt sich wohl auch nicht eindeutig beantworten. Zu wenig wissen wir über die tatsächlichen Lebensbedingungen früherer Generationen, ihr Erziehungsverhalten und ihre Fähigkeit, mit Gefühlen gekonnt umgehen zu können.

Grundsätzlich können wir aber sagen, dass, je besser die Entwicklung der emotionalen Intelligenz in der Kindheit gefördert wurde, um so eher die Entwicklung eines Menschen auch insgesamt als geglückt anzusehen ist. Die meisten Defizite im emotionalen Bereich ergeben sich – so lautet unser Umkehrschluss – aus einer nicht geglückten Entwicklung in der Kindheit.

Die Entwicklung der emotionalen Intelligenz und ihre Störfaktoren

Die Erfahrungen, die Kinder machen, führen aufgrund der Außeneinflüsse und ihrer Verarbeitung zur Entwicklung eines Lebensplans. Dieser kann konstruktive, aber auch zerstörerische Aspekte haben. Hierbei gilt in der Regel, dass einzelne unangenehme oder enttäuschende Erfahrungen nur selten chronische Störungen hervorrufen, abgesehen von hochgradigen Traumatisierungen (etwa die Ausführung sexueller Handlungen an und mit Kindern). Fatale Folgen für die Entwicklung haben eher wiederkehrende Muster von Beziehungsgestaltung, etwa die ständig wiederkehrende Erfahrung, ungewollt und lästig zu sein. Und wenn Kinder zu früh Verantwortung für sich selbst übernehmen müssen oder mit ständigem Desinteresse der Eltern konfrontiert werden, sind das Erfahrungen, die eine Persönlichkeit prägen; Kinder geraten dadurch unter anderem in eine Entwicklung, die sie beispielsweise gar nicht das gesamte Spektrum von Gefühlen wahrnehmen lässt, welches für bestimmte Situationen angemessen wäre.

Die amerikanische Verhaltensforscherin Tiffany Fields hat bei ihren Studien depressiver Mütter und ihrer Babys zu diesem Thema einige interessante Erkenntnisse gewonnen. Sie ist zu dem Schluss gekommen, dass solche Babys dazu neigen, die Traurigkeit, den Energiemangel, die geringe Anteilnahme, den Zorn und die Reizbarkeit ihrer Mütter zu übernehmen. Je länger der Zeitraum der mütterlichen Depression anhält, desto nachhaltiger sind Wachstums- und Entwicklungsstörungen des Säuglings.

Ein weiteres Phänomen ist zu beobachten: In vielen Familien haben es Kinder verlernt, unerwünschte Gefühle überhaupt noch wahrzunehmen. Sie setzen an ihre Stelle andere, denn negative kindliche Gefühle werden von ihren Eltern ohne Hilfestellung hingenommen oder einfach nicht beachtet, übergangen, bagatellisiert, missbilligt und bestraft. So können wir bei vielen Vier- bis Sechsjährigen beobachten, dass sie, wenn ihnen ihr Spielzeug zerbrochen ist, nicht traurig, sondern häufig mit Zorn reagieren. Vielleicht hat das Kind in der Familie die Erfahrung gemacht, dass Trauer ein unerwünschtes, «nicht erlaubtes» Gefühl ist. Vielleicht wird Trauer in bestimmten Zusammenhängen als so stark und möglicherweise bedrohlich empfunden, dass sie nicht zugelassen, ja sogar geleugnet wird – etwa nach dem Tod eines nahen Angehörigen. Kinder suchen in solchen Situationen nach so genannten Ersatzgefühlen, die sie an die Stelle des unerwünschten Gefühls setzen. Es ist unmittelbar einsichtig, dass bei länger andauernden, vergleichbaren Erfahrungen die Kinder später als Erwachsene Defizite im emotionalen Erleben aufweisen.

Eltern sind auch in der Lage, über bestimmte Anforderungen an Kinder deren Erleben von Gefühlen einzuengen. Eltern, die stets selbst überlastet sind, wenig Zeit haben, ständig zu Hektik drängen, können ein solches Verhalten stereotyp auch bei Kindern hervorrufen. Auch dafür finden wir schon im Kleinkindalter Beispiele. Es gibt Kinder, die auch in entspannten Spielsituationen ständig das Tempo forcieren, ständig bemüht sind, die Zeit völlig auszufüllen. Sie erzeugen künstlich eine Hektik, an die sie schon gewöhnt scheinen. Wer aber immer ein hohes Tempo geht, verliert das Gefühl für die notwendige Geschwindigkeit. Und er verliert damit auch leicht den Kontakt zu sich selbst, die Fähigkeit, sich selbst zu spüren. Solche Kinder müssen teilweise erst später, als Erwachsene, lernen, ein Tempo zu entwickeln, welches einerseits ihrem Wesen entspricht und andererseits auch konkreten Situationen angemessen ist.

Ein anderes Beispiel für die Einengung der Gefühlswahrnehmung ist das Folgende: Manche Kinder lernen, sich jedem gegenüber über die Maßen freundlich zu verhalten, anderen ständig gefällig zu sein. Sie laufen dabei Gefahr, selbst an Kontur und Persönlichkeit zu verlieren. Auch ihnen geht ein großer Teil des emotionalen Spektrums verloren. Solche Menschen befürchten, dass, wenn sie sich einmal nicht willfährig und angepasst verhalten, ihnen die Zuneigung der anderen verloren geht. Irgendwann verlangt womöglich jemand von ihnen, sie möchten doch endlich einmal nach ihrer eigenen Meinung entscheiden. Wenn sie dies – in der Ausgestaltung unerfahren – tun, fallen sie leicht in das andere Extrem. Sie können sich dann schroff und rücksichtslos verhalten, und es tritt ein, was sie immer befürchtet haben: nämlich nicht mehr gemocht zu werden. Diese Menschen müssen lernen, eine Ausgewogenheit zwischen eigenen Zielen und Gefühlen und denen der anderen zu finden.

Ein weiterer Aspekt hat weniger mit den Einflüssen von außen als mehr mit der eigenen Erlebnisverarbeitung zu tun. Wir neigen dazu, einmal festgestellte und für richtig und stimmig empfundene Sichtweisen von der Welt uns selbst zu bestätigen. Wir entwickeln quasi ein Bild von der Welt, das wir als «richtig» ansehen, und schaffen immer wieder Situationen oder interpretieren sie entsprechend, um die Richtigkeit dieser Sichtweisen festzustellen. Das engt natürlich auch die unbefangene Wahrnehmung von Gefühlen stark ein. Wenn jemand zum Beispiel aufgrund verschiedener Erfahrungen verinnerlicht hat, dass es besser ist, niemandem zu vertrauen und sich lieber nur auf sich selbst zu verlassen, wird er eher Situationen herbeiführen, die ihm bestätigen, dass man sich auf nichts und niemand verlassen kann. Er wird möglicherweise gerade den Kontakt zu Leuten suchen, die ihn verlassen, enttäuschen, ihn ausbeuten usw. Bewusst oder unbewusst wird er sich vergleichbarer Situationen erinnern und denken: «... wusste ich's doch!» Er wird möglicherweise noch zusätzlich ein ihm merkwürdig vertrautes Gefühl von Enttäuschung und Einsamkeit erleben.

Warum tun Menschen solche doch offenkundig widersinnigen Dinge? Ein Grund liegt auf jeden Fall in der Verarbeitung von Erfahrungen in der Entwicklung. Es darf in diesem Zusammenhang aber vor allem nicht der Wert von Strukturen verkannt werden. Seien sie noch so unangenehm und enttäuschend: Sie geben Sicherheit! Eine wichtige Funktion von Erfahrung, sei sie noch so falsch, ist es, sich an Bekanntem zu orientieren. Deshalb fällt ja gerade auch die Loslösung von noch so zerstörerischen Lebensmustern manchmal wider besseres Wissen so schwer. Wir wissen immerhin, was uns erwartet. Und die Frage ist, ob das Neue, das da kommt, wirklich besser, befriedigender sein wird.

Ein breites Spektrum von Gefühlen zur Verfügung zu haben heißt demgegenüber auch, offen zu sein und sich dem «Abenteuer» der Begegnung zu stellen. Über die Entwicklung und ihre Tücken muss im Übrigen gesagt werden, dass sich das Maß an Leiden unter Einschränkungen des «Gefühlsspektrums» unterschiedlich entwickelt. Manche Menschen sind kaum beeinträchtigt, einige derart, dass sich Störungen bis hin zu Krankheiten entwickeln, die unter anderem der Psychotherapie bedürfen.

Defizite im emotionalen Bereich können aber auch durch schwer wiegende körperliche Erkrankungen, die zu Ausnahmesituationen wie Todesangst führen, hervorgerufen werden. Andererseits wird jemand, der zu differenzierter Wahrnehmung seiner Gefühle fähig und bereit ist, auch solche Situationen reifer verarbeiten.

Auch bestimmte gesellschaftliche Entwicklungen können sich auf die emotionale Intelligenz störend auswirken. Eine einseitige materielle Ausrichtung kann Denken und Handeln derart binden, dass andere Bedürfnisse wie Intimität und Autonomie dem in unangemessener Weise untergeordnet werden. Die absolute Betonung materieller Orientierung kann dazu führen, dass beispielsweise auf die Notwendigkeit, Konflikte in einer Ehe zu klären, zu wenig Rücksicht genommen wird. Eventuell einfach aus dem Grund, weil dafür nicht mehr ausreichend zusätzliche Energie zur Verfügung steht.

Auch Anforderungen im beruflichen Alltag können dazu führen, dass das bloße Funktionieren zum Maßstab des Handelns erhoben und der Klärung von Teamkonflikten keine ausreichende Beachtung geschenkt wird. Konflikte, Unstimmigkeiten, Unzufriedenheit drängen aber nach Aufmerksamkeit. Schlimmstenfalls zeigen sich auf Dauer Auffälligkeiten wie Lustlosigkeit und Ähnliches im Beruf oder auch im Privatleben. Möglicherweise entwickeln sich bei langer Dauer aus solchen Phänomenen auch Erkrankungen.

Die Stellung des emotional Intelligenten in der Gesellschaft

Uns geht es um die Kultivierung des menschlichen Umgangs im Zeitalter emotionaler Verarmung. Damit befassen sich heute auch schon verschiedene gesellschaftliche Institutionen:

– Ein Heer von Unternehmensberatern versucht, nicht zuletzt mit Rückgriff auf Techniken zur Schulung der emotionalen Intelligenz, Teamfähigkeit und Wohlbefinden und damit Leistungsfähigkeit von Mitarbeitern zu verbessern.

– Psychotherapeuten arbeiten häufig an Phänomenen wie emotionaler Unreife und deren Nachreifung. Die Ursache ist nicht zuletzt in der mangelnden Entwicklung und Schulung der emotionalen Intelligenz zu suchen.

– Führungskräfte in nahezu allen Bereichen der Wirtschaft werden zunehmend nicht mehr nur an geistigen Fertigkeiten, wie der Beherrschung ihres Faches, gemessen. Teamfähigkeit, die Fähigkeit zur Motivierung von Mitarbeitern, schlicht «Menschenkenntnis» stehen immer höher im Kurs.

Offensichtlich ist es zurzeit «in», solche Begriffe zu benutzen und den Besuch entsprechender Seminare vorzuweisen. Natürlich könnte man sagen, dass das vorübergehende Erscheinungen sind. Gleichwohl lässt sich die Beschäftigung mit der emotionalen Intelligenz nicht einem bloßen Modetrend zuschreiben. Die folgenden gesellschaftlichen Phänomene zeigen die Aktualität des Themas und die Notwendigkeit, sich intensiv damit zu beschäftigen:

– Die Einwanderung und das Zusammenleben von Menschen ursprünglich unterschiedlicher Nationalität erfordern ebenso wie das durch Mobilität entstandene häufigere Zusammentreffen von Menschen unterschiedlicher Herkunft auch das «Erfühlen» von Situationen, ein erhöhtes Maß an Sensibilität für den anderen.

– Es gibt einen deutlichen Hang zum «emotionalen Highlight», nach emotionaler Intensität, einem intensiven Sichspüren, welches im Alltag offensichtlich wenig erlebt wird. Man denke nur an die so genannten Extremsportarten oder das «S-Bahn-Surfen», aber auch das gemeinsame Betrachten brutalster Gewaltfilme – besonders (männliche) Jugendliche fühlen sich zu solchen Erlebnissen hingezogen und wollen in der Gruppe beweisen, was sie alles aushalten können.

– Viele Menschen klagen andererseits über den ständigen Stress, dem sie ausgesetzt sind. Stress ist aber häufig nichts anderes als das Erleben von zu großer emotionaler Komplexität im Alltag, das heißt, man ist den Anforderungen emotionaler Auseinandersetzung nicht gewachsen und will beispielsweise einem Streit eher aus dem Weg gehen, weil es eine Streitkultur nicht gibt und eigene und fremde aggressive Gefühle Angst machen. Aber auch der Rückzug von Menschen, die Schicksalsschläge erlitten haben, weil sich niemand kompetent fühlt, das Leid zu teilen und mit-zu-leiden, werden in dieser Gesellschaft an den Rand gedrängt. Der Umgang mit diesen und vielen anderen emotional «aufgeheizten» Situationen will gelernt sein wie das kleine Einmaleins.

— Aus der «Furcht vor dem Spüren» entsteht der Wunsch des «Nicht-Spürens» oder «Anders-Spürens». Der Schritt zur Schönung der Realität mit Hilfe von Suchtmitteln ist nicht weit. Dabei wollen wir hier gar nicht weiter auf illegale Drogen oder Alkohol eingehen. Auch Zigarettenrauch dämpft nämlich die Wahrnehmung von Gefühlen. Nahezu jede Tätigkeit bzw. jeder Stoff besitzt beim dazu Disponierten eine Suchtpotenz. Beispielsweise kann auch das ansonsten viel gepriesene Dauerlaufen zur Sucht werden, zur Abkehr von der Realität, Einstieg in eine endorphinunterstützte Selbstbezogenheit. Gleiches gilt für Arbeitssucht, Fernsehsucht, Sexsucht usw.

Wir haben oben versucht darzustellen, wie wichtig eine entwickelte emotionale Intelligenz für unsere seelische Gesundheit ist. Aber kommt der emotional Intelligente auch besser in der Gesellschaft zurecht als sein emotional verkümmerter Zeitgenosse? Ist es überhaupt zeitgemäß, sich «emotional intelligent» zu bilden und zu verhalten? Oder wird hier ein Stück «überkommener Sozialromantik» gepflegt, die ihren Platz im Internetzeitalter gar nicht mehr finden kann? Sollte man sich in Zeiten, in denen die persönliche Begegnung auf dem Rückzug scheint, überhaupt mit solcher Intensität mit emotionaler Intelligenz beschäftigen?

Was sich eindeutig sagen läst: Die in der Tat komplexe Realität lässt sich leichter verarbeiten und meistern, wenn man sich und seine Gefühle besser kennt und zum Beispiel für sich selbst sicher zwischen angemessener und unangemessener Reaktion unterscheiden kann. Der emotional Intelligente wird auch unterscheiden, welche Gefühle er etwa anderen zumuten kann und wo es angebracht sein mag, sich mit einer berechtigten Reaktion zurückzuhalten. Dieses erlernte Maß an vernünftiger Selbstbeherrschung bietet vor allem Vorteile in der Teamarbeit. Das haben mittlerweile zahlreiche Chefs großer Unternehmen erkannt. Sie fordern von ihren leitenden Angestellten, dass sie «mit Herz» führen, sich in Mitarbeiter einfühlen und so besser motivieren.

Schon aus der Schule bringen wir die Erfahrung mit, dass wir in den Fächern am besten gelernt haben, die von einem sympathischen Lehrer oder einer einfühlsamen Lehrerin unterrichtet wurden. Abgesehen von der möglichen Problematik, sich zu stark einem «Guru» anzuvertrauen, interessiert hier der für jeden nachvollziehbare Aspekt, dass ich lieber lerne, wenn ich zu der lehrenden Person eine gefühlsmäßig positive Beziehung aufgebaut habe und mich mit ihr identifiziere.

Zu dem oben erwähnten Befund, die Gesellschaft werde immer unpersönlicher und zerfalle in Partikularinteressen, gibt es eben auch gegenteilige Beobachtungen: Offensichtlich lassen sich die Bedürfnisse von Menschen nach Glück, Vertrautheit, Offenheit, Beziehung nicht mit den Versprechen der Spaßgesellschaft und den materiellen Erfolgen beruflicher Leistung befriedigen. Wer genau hinschaut, der stellt fest, dass es auch andere Entwicklungen gibt:

- Viele junge Menschen sind sozial engagiert – die Zahlen der Freiwilligendienste im Ausland und der Zivildienstleistenden sprechen eine deutliche Sprache.
- In allen Studien über die Erwartungen junger Menschen

steht die eindeutige Aussage, dass sie ihre Zukunft mit Familie planen. Dass immer weniger Menschen diese Planung auch realisieren, sagt lediglich etwas über die Lebensbedingungen in der Gesellschaft und den Zustand staatlicher Familienpolitik aus.

– Manager, die von ihren Unternehmen zu Praktika oder auch längerfristigem Engagement in sozialen Projekten angehalten werden, berichten übereinstimmend, dass sie nach ihren Erfahrungen mit Drogenabhängigen oder Obdachlosen ihre bisherigen Wertvorstellungen infrage stellen.

– Nicht zuletzt scheinen der weltweite Erfolg von Golemans «EQ»-Buch und die vielen sich daran anschließenden Diskussionen ein großes Bedürfnis nach mehr Gefühl zu signalisieren.

Abgesehen von den Vorteilen für den Einzelnen, ist auch der volkswirtschaftliche Nutzen emotional intelligenter Menschen nicht hoch genug einzuschätzen – der Abteilungsleiter, der Empathie (Einfühlungsvermögen) für die Probleme seiner Mitarbeiter zeigt, spart natürlich seiner Firma auch Geld ...
Emotionale Intelligenz schafft offensichtlich eine gute Resistenz gegen Süchte aller Art. Die Welt des emotional Intelligenten ist spannend und attraktiv genug. Sie muss nicht mit allen möglichen Suchtstoffen geschönt werden. Damit wir nicht missverstanden werden: Emotionale Intelligenz verhindert keine unangenehmen Gefühle. Sie befähigt aber dazu, sich und seine Gefühle zu erkennen, sie zu akzeptieren, rücksichtsvoll mit sich und anderen umzugehen und sich der Realität mit allen Unwägbarkeiten zu stellen.

Literatur

Diekmeyer, Ulrich: Unser Kind im 1. und 2. Lebensjahr. Reinbek 1998 (rororo 60512)

Hoffman, Klaus W.: Kinder brauchen Bewegung. Reinbek 1998 (rororo 60325)

Goleman, Daniel: Emotionale Intelligenz. München 1996 (Hanser)

Gottman, John: Kinder brauchen emotionale Intelligenz. München 1997 (Heyne)

Maywald, Jörg, Bernhard Schön, Bernd Gottwald (Hg.): Familien haben Zukunft. Reinbek 2000 (rororo 60958)

Mönkemeyer, Karin: Spiele für alle fünf Sinne. Reinbek 1997 (rororo 18462)

Sportjugend im LSB NRW (Hg.): Kinder mit mangelnden Bewegungserfahrungen. Duisburg 1996

Weiß, Rudolf H.: Intelligenztests, in: Das rororo-Elternlexikon (hg. von Horst Speichert und Bernhard Schön). Reinbek 1988, S. 183–185

Zimmer, Renate: Handbuch der Bewegungserziehung. Freiburg/Basel/Wien 1993 (Herder)

Adressen

Bestelladresse für Schwungtücher

Pappnase & Co. GmbH
Von-Essen-Str. 76
22081 Hamburg
Tel.: 040/298104-10
Fax: 040/298104-20
E-Mail: info@pappnase-co.de

Kontakt für Veranstaltungen

Klaus W. Hoffmann und Bernd Roggenwallner
bieten unter dem Titel
«Das EQ-Programm»
Lesungen und Weiterbildungsveranstaltungen an.

Kontaktadressen (E-Mail):
Klauswhoffmann@firemail.de
rowa@aol.com

Kinder haben eine Lobby

die **Deutsche Liga für das Kind**

Partner von *rororo Mit Kindern leben*

Die Deutsche Liga für das Kind ist ein Zusammenschluß der wichtigsten Verbände, die sich für die Belange der Kinder in den ersten Lebensjahren einsetzen.

Die Liga verfaßt Stellungnahmen zu Gesetzentwürfen, organisiert Fachtagungen, initiiert Projekte, ist Herausgeber der Zeitschrift *frühe Kindheit* und bietet Eltern und Fachleuten ihre Service-Leistungen an.

Für einen guten Start ins Leben
Die Info-Pakete der Deutschen Liga für das Kind

☐ **Paket 1** (12,- DM incl. Versandkosten)

- Informationen über Mutterschutz und staatliche Leistungen für Eltern
- Entwicklungskalender erstes Lebensjahr
- Faltblatt mit Informationen zum Stillen
- Adressenliste von Einrichtungen „Rund um die Geburt und das 1. Lebensjahr"
- Informationen über die Deutsche Liga für das Kind
- Gesamtverzeichnis der Reihe *Mit Kindern leben*

☐ **Paket 2** (18,- DM incl. Versandkosten)
Inhalt wie Paket 1, zusätzlich:
- 12 Elternbriefe zum 1. Lebensjahr, hrsg. vom Arbeitskreis Neue Erziehung
- Probeexemplar der Zeitschrift *frühe Kindheit*

Sie können Ihre Bestellung telefonisch oder per Fax aufgeben oder diese Seite an folgende Adresse schicken:

DEUTSCHE LIGA FÜR DAS KIND in Familie und Gesellschaft e.V.
Chausseestr. 17, 10115 Berlin
Tel.: 030 - 28 59 99 70   e-mail: Liga-Kind@liga-kind.de
Fax: 030 - 28 59 99 71   Internet: www.liga-kind.de
Commerzbank Berlin, Konto 266 2385, BLZ 100 400 00

Kinder brauchen eine Lobby

In der Deutschen Liga für das Kind arbeiten Fachleute aus den Bereichen Gesundheit, Erziehung, Sozialwissenschaften und Recht zusammen und ermöglichen einen intensiven Kontakt zu Wissenschaft, Praxis und Politik. Dabei stehen folgende Aufgabenbereiche im Mittelpunkt:

Kinder brauchen starke Eltern
Die Elternverantwortung zu stärken, bedeutet nicht nur, öffentlich auf die unverzichtbare Rolle der Eltern hinzuweisen, sondern auch, Eltern selbst Aufklärung und Unterstützung anzubieten.

Kinder brauchen Schutz
Kinder haben ein Recht auf die Förderung ihrer natürlichen Begabungen. Das gilt nicht nur für den rechtlichen Schutz, sondern auch für familienergänzende, wenn nötig familienersetzende Angebote für Kinder.

Kinder brauchen Beteiligung
Schon von Geburt an muß die eigenständige Persönlichkeit des Kindes sowohl im rechtlichen, als auch im psychologischen Sinne Anerkennung finden. Hierzu gehört auch, die Interessen von Kindern und Familien im politischen Raum zu stärken.

Kinder brauchen materielle Gerechtigkeit
Die Entscheidung für ein Kind gehört heute zu den größten Armutsrisiken. Der Beitrag, den die Erziehung von Kindern in der gesellschaftlichen Gesamtrechnung leistet, wird in unserem Steuer- und Rentensystem in einer nicht länger hinzunehmenden Weise unterbewertet. Eine Korrektur dieses Mißstandes ist überfällig.

Kinder brauchen bessere Lebensbedingungen
Beim Wohnungsbau, der Stadt- und Regionalplanung und in allen anderen Feldern, die zur Lebensqualität von Familien beitragen, müsen Bedingungen geschaffen werden, die ein Leben mit Kindern erstrebenswert machen. Dies gilt auch für die Arbeitsplatz- und Arbeitszeitgestaltung der Eltern.